DIESE FLOW GEHÖRT:

D1718162

ZEIT HABEN

Keine Zeit – wie häufig ich das sage … oder zumindest denke. Vor allem aber fühle ich es. Permanent. Ich habe keine Zeit, Klavier zu üben, mich auf den Boden zu setzen und zu spielen, zu kochen, anzurufen. Ich bin oft zu spät, vergesse Dinge und habe andauernd ein schlechtes Gewissen, weil ich – genau: nicht genug Zeit habe für die Kinder, meinen Mann, meine Eltern, meine Freunde und für mich. Ich werde das Gefühl einfach nicht los, dass das Leben mich lebt und nicht umgekehrt. Und dann wurde neulich, als wir gerade aus der Tür gehen wollten, meiner Tochter plötzlich furchtbar übel. Wir schafften es gerade noch ins Bad. Mein perfekt durchorganisierter Tag rauschte die Toilette hinunter. Ich blieb zu Hause und las vor, kochte Tee und saß einfach nur am Bett. Plötzlich war da Zeit. Jede Menge sogar.

Sinja

Hätte mich am Tag davor jemand gefragt, ob ich diese Woche acht Stunden finden würde, um auf einen Marathon zu trainieren, zu lesen oder eine Familienradtour zu machen, ich hätte laut lachend Nein gesagt. Aber da waren sie plötzlich, die Stunden. Sogar an einem Stück. Mir wurde klar: Ich habe Zeit, richtig viel sogar. Und ich bestimme, was in dieser Zeit, in meinem Leben passiert. Es ist nur eine Frage, wie ich die Prioritäten setze. Und das ist das Seltsame. Die Dinge, die mir eigentlich wirklich wichtig sind, fallen gern mal hinten runter. Da stimmt doch etwas nicht … Ab jetzt werde ich mir einmal in der Woche Zeit nehmen, um die richtigen Prioritäten zu setzen, im Job, mit meiner Familie und für mich allein. Dafür plane ich Zeit ein, bevor ich all das andere erledige. Das kann nämlich warten. Mein Leben nicht.

Alles Liebe

Sinja

sinja@flow-magazin.de

Immer über Flow informiert sein? Folgt uns auf Facebook (Flow Magazin), auf Twitter (@FlowMagazin) oder besucht uns bei Instagram (Flow_Magazin)

FOTO **NELE MARTENSEN** ILLUSTRATION **BECCA STADTLANDER**

INHALT

COVER-ILLUSTRATION **BECCA STADTLANDER**

+ 24 Seiten Beilage

FINNLAND REISEFÜHRER

MEIN SKETCHNOTING-ÜBUNGSHEFT

GESICHTER DIESER AUSGABE

Sketchnoting Seite 118

In ihrer Freizeit streift Illustratorin und Sketchnoterin Tanja Cappell (31) am liebsten mit ihrem Golden Retriever Toto und ihrer Kamera durch die Natur. „Wir wohnen in einem kleinen Dorf südlich von München und haben die Berge quasi direkt vor der Haustür. Da gibt es immer was zu entdecken." Dass sie ein Auge für schöne Motive hat, beweist Tanja auch auf Instagram (@frauhoelle). Dort lässt sie sich beim Frühstück, auf Reisen oder bei ihren neuesten Handlettering-Projekten täglich über die Schulter schauen. Für diese Flow hat Tanja mit uns ein Sketchnoting-Übungsheft entwickelt, das du als Extra auf Seite 62 findest.

Naturschauspiel auf dem Cover

Die leuchtenden Farben der Natur haben Becca Stadtlander schon immer fasziniert. Als Illustratorin und bildende Künstlerin bannt sie sie auf Papier. Für Flow malte die 28-Jährige den Titel dieser Ausgabe. „Die Finken stehen als Sinnbild für meine gelbe Phase. Eine Zeit lang hatte ich eine Vorliebe für diese Farbe", erzählt die Amerikanerin über die Entstehung der *Yellow Finches*. Man verliert sich gern in ihrem nostalgisch wirkenden Strich. Ihre Ausrüstung hält sie bewusst schlicht: Gouache, Pinsel, Aquarellblock. Braucht sie mal Zeit zum Entspannen, dann gönnt sie sich gern ein langes

Bad oder werkelt im Haus herum. „Pausen sind wichtig. Auch wenn dir deine Arbeit Spaß macht", sagt Becca. Mit Ehemann Wil und Hund Ronnie lebt sie in Covington, Kentucky. beccastadtlander.com

Finnland-Spezial

Alva Gehrmann (43) hat ein Faible für den hohen Norden. Seit mehr als zwölf Jahren schreibt die Journalistin und Buchautorin aus und über Nordeuropa – je kälter

es ist, desto lieber ist sie an einem Ort. Ihren persönlichen Rekord von minus 40 Grad erlebte sie auf einer Skilanglauftour, von der sie mit rosigen Wangen und Eisperlen an den Wimpern zurückkehrte. An Finnland mag Alva die weiten, unberührten Landschaften, den schwarzen Humor und die vielen Saunen, in denen sogar sie die Hitze genießt. Für das Finnland-Spezial, das dieser Flow beiliegt, hat Alva die Saunakultur unter die Lupe genommen, sich in Lappland auf die Suche nach der Stille begeben und Kreative interviewt.

IMPRESSUM

Verlag und Sitz der Redaktion
G+J Food & Living GmbH & Co. KG,
Am Baumwall 11, 20459 Hamburg.
Ein Unternehmen der Verlagsgruppe
Deutsche Medien-Manufaktur
Postanschrift Redaktion Flow, Brieffach 44,
20444 Hamburg, Tel. (040) 370 30
Leserservice leserservice@flow-magazin.de

Chefredakteurin Sinja Schütte
Redaktionsleitung Tanja Reuschling
Grafik Eva-Maria Kowalczyk (Ltg.), Johanna Marx
Bildredaktion Dani Kreisl
Redaktion Sarah Erdmann, Lena Neher
Mitarbeiter dieser Ausgabe Maja Beckers,
Caroline Buijs, Tanja Cappell, Aurora Cacciapuoti,
Catelijne Elzes, Michèle Foin, Alva Gehrmann, Stefania
Giorgi, Uta Gleiser, Gretas Schwester, Brie Harrison,
India Hobson, Carola Kleinschmidt, Wiebke A. Kuhn,
Jocelyn de Kwant, Eva Loesberg, Nele Martensen,
Chris Muyres, Bernice Nikijuluw, Anne Otto, Bonnita
Postma, Kate Pugsley, Philipp von Recklinghausen,
Julia Rotter, Deborah van der Schaaf, Stefanie Schäfer,
Andrea Schwendemann, Becca Stadtlander, Textra
Fachübersetzungen, Rebecca Wallenta, Naomi
Wilkinson, Eva Wünsch, Merle Wuttke
Geschäftsführende Redakteurin Gabriele Milchers
Chefin vom Dienst Petra Boehm
Schlussredaktion Silke Schlichting (fr.)

Geschäftsführung Hermann Bimberg (Sprecher),
Dr. Frank Stahmer
Publisher Living Matthias Frei
Publishing Manager Andrea Kobelentz
**Director Brand Solutions/verantwortlich für
den Anzeigenteil** Nicole Schostak,
G+J Media Sales, Am Baumwall 11, 20459 Hamburg
Vertriebsleiterin Ulrike Klemmer,
DPV Deutscher Pressevertrieb GmbH
Marketingleiterin Ulrike Schönborn
PR/Kommunikation Mandy Rußmann
Herstellung Heiko Belitz (Ltg.), Michael Rakowski
Verantwortlich für den redaktionellen Inhalt
Sinja Schütte, Am Baumwall 11, 20459 Hamburg
Druck LSC Communications Europe,
ul. Obroncow Modlina 11, 30-733 Krakau, Polen
ABO-SERVICE www.flow-magazin.de/abo,
Tel. (040) 55 55 78 09, Flow-Kundenservice,
20080 Hamburg
Jahresabo-Preise Deutschland 55,60 Euro inkl. MwSt.
und frei Haus, Österreich 64 Euro und Schweiz 96 sfr

Lizenznehmer von Sanoma Media Netherlands B.V.

© Copyright 2017: FLOW is a registered trademark. This edition of
FLOW is published under license from Sanoma Netherlands B.V.
Nachdruck, Aufnahme in Online-Dienste und Internet und Vervielfäl-
tigung auf Datenträger wie CD-ROM, DVD-ROM etc. nur nach vor-
heriger schriftlicher Zustimmung der Redaktion. Entwürfe und Pläne
unterliegen dem Schutze des Urheberrechts. Alle Auskünfte, Preise,
Maße, Farben und Bezugsquellen ohne Gewähr. Manuskripten und
Fotos bitte Rückporto beifügen. Für unverlangte
Einsendungen keine Gewähr.
ISSN 2198-5588

FLOW MAGAZINE INTERNATIONAL
Creative Directors Astrid van der Hulst, Irene Smit
Art Director Gwendolyn Tan
Brand Director Joyce Nieuwenhuijs (for licensing
and syndication: joyce.nieuwenhuijs@sanoma.com)
Brand Manager Karin de Lange, Jessica Kleijnen
International Coordinator Eugénie Bersée
International Assistant Marjolijn Polman
Supply Chain Management Gert Tuinsma
Flow Magazine is published by Sanoma Media
Netherlands B.V.
Registered Office Capellalaan 65, 2132 JL
Hoofddorp, Netherlands; 0031 (0)88 5564 930

FOTO ANIJA SCHLICHENMAIER

DAS GUTE AM SCHEITERN

Situationen, in denen wir ins
Straucheln geraten, lassen wir am liebsten
schnell hinter uns. Dabei können wir
so viel daraus lernen, wenn uns etwas misslingt.
Caroline Buijs hat genauer hingeschaut

Wenn ich als Kind an mir herunterschaute, sah ich unterhalb des Rocksaums oft auf zwei aufgeschürfte Knie – mal mit, mal ohne Pflaster. Egal ob beim Spielen mit Freunden oder beim Rennen auf dem Weg zur Schule, immer wieder stolperte ich damals und fiel hin, das Hinfallen gehörte zu meiner Kindheit wie zwitschernde Amseln zum Frühling. Ich machte mir keine Gedanken darüber. Erst später wurde Stolpern plötzlich peinlich. Zum Beispiel auf dem Gymnasium, als ich in der Mensa auf einem Schal ausrutschte und hinfiel – vor den Augen des Jungen, in den ich verliebt war. Oder, noch schlimmer, zu Beginn des Studiums, als ich mit dem Fahrrad ins Straßenbahngleis geriet und in einer belebten Einkaufsstraße plötzlich auf dem Pflaster lag.

AM BODEN BLEIBEN
Stolpern und Fallen, das beschränkt sich natürlich nicht nur auf die Kindheit, sondern zieht sich im übertragenen Sinn durch unser ganzes Leben. Denn zu straucheln bedeutet ja auch, durch eine Prüfung zu rasseln. Verlassen zu werden. Ein Projekt gegen die Wand zu fahren. Nach dem zweiten Abend den Malkurs zu schmeißen, weil man Angst vor der Lehrerin hat. Morgens, wenn es hektisch ist, die Kinder anzuschreien und dann den ganzen Tag ein schlechtes Gewissen zu haben. Scheitern ist also alltäglich. Und bestenfalls lernen wir daraus, sagen uns: „Na schön, so geht es wohl nicht. Vielleicht klappt es ja auf eine andere Art."

Diese kritische Reflexion gelingt aber nur, wenn wir nach dem Stolpern innehalten und überlegen, wo es denn nun gehakt hat. Doch oft geht diese Phase viel zu schnell vorbei. Manchmal einfach, weil wir keine Zeit haben. Viel häufiger hasten wir aber deshalb so schnell weiter, weil es uns unangenehm ist, dass etwas nicht geklappt hat, dass wir verletzt wurden. Dann verkriechen wir uns lieber mit einem Schokoriegel aufs Sofa oder vor den Fernseher und versuchen zu vergessen, statt uns einzugestehen, was wir erlebt haben und wie weh es getan hat. Letztlich ist also Scham der Grund, warum wir übers Scheitern hinweggehen. Eigentlich seltsam, denn als Kind ging uns das noch genau andersherum. Ich jedenfalls war auf meine Blessuren am Knie immer ausgesprochen stolz.

Dafür hat Antje Gardyan, systemische Beraterin und Coach, eine Erklärung. In ihrem Buch *Worauf wartest du noch?* beschreibt sie, dass Kinder und Jugendliche auch deshalb so unbefangen mit dem Stolpern umgehen, weil die gesamte Lebensphase davon geprägt ist, dass wir ausprobieren, lernen und experimentieren. Das fängt beim Kleinkind an, das laufen nur durch Hinfallen lernt, und geht bis zur Pubertierenden, die in unterschiedlichen Freundschaften und Verliebtheiten immer wieder neue, zum Teil schmerzliche Erfahrungen macht – und erst mit der Zeit lernt, welche Art von Beziehungen für sie funktionieren. „In dieser Lebens-

phase scheint noch klar zu sein, dass das Leben ein Prozess ist und kein Zustand", sagt Gardyan. Später, als Erwachsene, falle es uns dann immer schwerer, das Stolpern noch als einen normalen Teil einer Entwicklung zu begreifen. Wir seien dann in einem Zustand angekommen, wo wir das, was wir können und haben, bewahren wollen. Und da stört uns jeder Fehltritt.

VERLETZUNGEN ZEIGEN
Die US-amerikanische Dozentin und Forscherin Brené Brown beschreibt in ihrem Buch *Laufen lernt man nur durch Hinfallen,* wie wir als Erwachsene typischerweise in Krisensituationen reagieren: Entweder wir kämpfen oder wir flüchten. Auf diese Reaktionen ist unser Hirn evolutionär gesehen schon seit Jahrtausenden programmiert, sagt Brown. Flüchten heißt zum Beispiel, sich nach einem Rückschlag im Bett zu verkriechen, um das, was geschehen ist, zu vergessen und zu verbergen. Wer dagegen in den Kampfmodus schaltet, fängt etwa an, sich wortreich zu verteidigen und zu rechtfertigen. Browns Forschungen zeigen allerdings, dass uns beide Arten des Umgangs mit dem Scheitern nicht weiterbringen. Viel hilfreicher sei es, wenn wir versuchen, die unangenehmen Gefühle, die mit dem Scheitern nun mal verbunden sind, anzuerkennen, sie uns zu erlauben. Denn nur wer die Verletzung eine Weile lang spürt, kann auch aus dem Scheitern lernen. Und nur wer   >

EIGENTLICH TRÖSTLICH:
IN FAST JEDEM ROMAN GIBT ES
EINE PERSON, DIE RIESIGE
HÜRDEN ÜBERWINDEN MUSS

auch anderen mal Einblick in eigene Stolpermomente gewährt, wird akzeptieren, dass Hinfallen in jeder Lebensphase dazugehört.

DEN MITTELTEIL ZULASSEN

Laut Brené Brown beherrschen wir alle einen Trick, mit dem wir uns im Alltag möglichst schnell über einen Verlust oder eine Niederlage hinwegmanövrieren: Wir konstruieren im Handumdrehen eine vorzeigbare, scheinbar schlüssige Geschichte, mit der wir versuchen, das Geschehene zu verstehen und zu rechtfertigen. Brown: „Unser Gehirn beruhigt sich erst wieder, wenn es eine griffige Geschichte gefunden hat. Als Selbstschutz ist das verständlich, aber wir müssen wissen, dass diese Geschichten oft weder stimmen noch gut

durchdacht sind." Wenn beispielsweise eine Beziehung unerwartet in die Brüche geht, erzählen wir oft schon kurz nach der Trennung, dass der Exfreund gar nicht zu uns passte, seltsam oder unberechenbar war. Eine wasserdichte Geschichte, die uns auch andere abkaufen, die nicht nach Niederlage aussieht. Würden wir aber näher hinschauen und fühlen, was los war, könnten wir besser verstehen, was genau wir nicht gesehen haben, was nicht funktioniert hat oder was wir uns gewünscht hätten. „In unseren griffigen Storys lassen wir oft den Mittelteil weg, obwohl er wichtig ist", erklärt Brown. Das heißt: Erzählte Geschichten vom Scheitern haben immer einen Anfang („Plötzlich war ich den Job los…") und ein Ende („Heute bin ich glücklich, dass ich

dadurch einen anderen Weg eingeschlagen habe"). Doch wir reden nur ungern darüber, wie wir uns zwischendurch gefühlt haben, in den schweren Stunden, Tagen oder Wochen, in denen das Alte wegbrach und das Neue noch nicht da war. Und wir sprechen laut Brené Brown auch zu wenig darüber, wie lang es dauert, bis wir uns aus einer Krise aufrappeln und weitermachen.

Den schwergängigen Mittelteil einer Krise wirklich zu durchleben ist nicht nur wichtig, um eigene Fehler und Schwierigkeiten zu analysieren und zu verstehen. Wir brauchen auch die Zeit, um die Niederlage wirklich zu verarbeiten und abzuschließen – um dann mit neuem Mut weiterzumachen, erklärt Brown. Wie wichtig das ist, weiß ich aus eigener Erfahrung, denn es gab eine Phase in meinem Leben, in der ich das versäumt habe. Es war nach meinem Studium. Ich fing an, als Lehrerin an einer Berufsschule zu arbeiten. Doch schon nach einer Woche stellte ich fest, dass mir das Unterrichten überhaupt nicht lag. Ich schämte mich, denn dass ich scheiterte, hatte vor allem damit zu tun, dass ich mich in der Klasse nicht durchsetzen konnte. Meine Reaktion darauf war eine Mischung aus Flucht und Angriff: Bereits nach vier Wochen kündigte ich. Gleichzeitig erzählte ich überall herum, die Schule sei blöd, ich sei dort nicht gut begleitet worden. Statt darüber nachzudenken, was passiert war, mich durch die Niederlage zu wühlen, schob ich

EIN GRUND ZU FEIERN

In der Gründerszene und auch in manchen Firmen wird mittlerweile akzeptiert, dass Menschen, die Geschäftsideen umsetzen oder Projekte anschieben, damit auch mal scheitern. Um das zu bekräftigen und aus dem Scheitern der anderen zu lernen, gibt es sogenannte Fuck-up-Nights. Das sind Abende, die wie Poetryslams funktionieren und auf denen Redner offen über das Scheitern einer Geschäftsidee oder eines neuen Produkts sprechen. Sie bekommen dafür Applaus. Weil sie die Unternehmung gewagt haben. Und weil sie offen davon erzählen, dass Scheitern zum Leben gehört. Die Idee stammt ursprünglich aus Mexiko, mittlerweile gibt es die Veranstaltungen auch hierzulande. Gut besucht sind beispielsweise die Abende in Berlin, Düsseldorf oder Frankfurt. fuckupnights.com

sie beiseite und fing schon einige Wochen später in einem Reisebüro an. Kein Traumjob, aber ich wusste genau, dass ich meine Arbeit dort so sicher beherrschte, dass ich kein erneutes Scheitern zu befürchten hätte. Ich blieb dort einige Jahre „in Deckung". Glücklich war ich mit dem Job allerdings auch nicht.

IMMER WIEDER AUFBRUCH

Auch ich wusste natürlich schon damals irgendwie, dass Scheitern eine Chance für die Entwicklung sein kann. Doch zu der Zeit war es mir unmöglich, damit umzugehen. Und im Grunde frage ich mich bis heute, wie es gelingen kann, Niederlagen etwas Positives abzugewinnen. Für die Beraterin Antje Gardyan ist es ein erster hilfreicher Schritt, sich mit den eigenen Lebensleitbildern zu beschäftigen. In der Arbeit mit ihren Klienten hat sie festgestellt, dass vor allem Menschen in den mittleren Jahren oft unrealistische Vorstellungen davon haben, was man in dieser Phase „erreicht habe sollte". Weit verbreitet sei etwa die Idee, dass man nun nur noch „Früchte ernten müsse". Oder die Idee, dass man ein für alle Mal „angekommen" sei. Dass wir alle das bereits Aufgebaute bewahren wollen, sei zwar verständlich, findet Gardyan. Doch das Leben sei dynamisch, und in jeder Dekade gäbe es Momente, in denen etwas zerbreche, man sich geirrt habe, Dinge nicht so blieben, wie sie sind. Erst wenn wir scheinbar feststehende Faustregeln für ein gelungenes Leben über Bord werfen, nicht mehr darauf schielen würden, was uns theoretisch in einem bestimmten Alter zustünde, könnten wir das Scheitern annehmen.

Dann sind wir automatisch eher bereit, zu akzeptieren, dass mal etwas nicht klappt. „Wenn wir Wagnisse eingehen, ist es normal, dass wir Enttäuschungen erleben", sagt Brené Brown. Es sei sogar so, dass Menschen, die ihr Leben mutig gestalten und von anderen als besonders erfolgreich wahrgenommen werden, letztlich viel häufiger scheitern. Für mein Leben stimmt das. Mit den Jahren im Reisebüro habe ich eine Phase erlebt, in der ich keine Fehler mehr machen wollte, keine Wagnisse mehr einging – und irgendwie auf der Stelle trat. Das hat sich heute verändert. Ich versuche, aus dem Straucheln zu lernen, es sogar in mein Leben einzuladen. Ein Freund sagte mal scherzhaft zu mir: „Du weißt doch: Jeder Mensch darf im Leben nur einen Fehler machen." Diese Bemerkung fand ich lustig, weil sie so absurd ist und zeigt, wie sehr man sich mit seinen Ansprüchen quält. Ich habe den Satz für mich übernommen. Manchmal sage ich ihn auch zu einer Kassiererin, die sich verrechnet hat. Einige Leute werden daraufhin unruhig, weil sie es tatsächlich glauben. Der Käsehändler auf dem Markt dagegen fing an zu lachen und rief: „So ein Quatsch, dann würde man doch niemals dazulernen!" Er hat verstanden, was ich sagen wollte.

ALLE SIND ANDERS

Dass Menschen sehr unterschiedlich über Niederlagen denken, fällt mir oft >

Patti Smith nahm Ende 2016 für Bob Dylan den Literaturnobelpreis in Stockholm entgegen. Beim Singen hatte sie einen Aussetzer, weil sie so aufgeregt war. Ein rührender Moment: youtube.com/watch?v=DVXQaOhpfJU

flow _ 17

auf, wenn ich Bücher lese. Praktisch jeder Roman handelt davon, dass die Hauptperson Hürden überwinden muss. Das finde ich tröstlich. Und während ich lese, wird mir bewusst, dass Menschen unterschiedlich tatkräftig, diplomatisch oder verzweifelt mit ihren Problemen umgehen. Besonders schön kann man das in *Die Clique* von Mary McCarthy sehen. Der bereits 1963 erschienene Roman handelt von acht College-Absolventinnen im New York der 30er-Jahre. Sie alle sind Pionierinnen, versuchen, als eine erste Generation Frauen ihren Weg in der Arbeits- und Wissenschaftswelt zu gehen. Dabei verhält sich jede ihren persönlichen Niederlagen gegenüber ganz unterschiedlich. Die Geschichte macht deutlich, welches Verhalten wohin führt. Und eines wird ganz klar: Wer aus Fehlern lernt, der entwickelt sich weiter.

BIS JETZT NICHT
In seinem Buch *Das Black Box Prinzip* erklärt uns der britische Journalist

MEHR LESEN?
....

✳ Brené Brown: *Laufen lernt man nur durch Hinfallen* (Kailash)
✳ Antje Gardyan: *Worauf wartest du noch?* (Rowohlt)
✳ Matthew Syed: *Das Black Box Prinzip. Warum Fehler uns weiterbringen* (dtv premium)

Matthew Syed, warum manche Menschen aus ihren Fehlern lernen können und andere nicht. Der Unterschied liegt in der Art, wie wir Fehler bewerten. Menschen, die glauben, dass sie durch ihr Engagement im Laufe ihres Lebens immer klüger werden, sind Fehlern gegenüber offener als solche, die daran glauben, dass ihre grundlegenden Eigenschaften, etwa ihre Intelligenz oder Talente, letztlich festgelegt sind. Syed: „Nur wer sieht, dass persönliche Entwicklung eine Folge von Üben und Lernen ist, betrachtet Scheitern als unvermeidlichen Aspekt eines Prozesses. Wer dagegen glaubt, Erfolg entstehe nur durch Talent und angeborene Intelligenz, fühlt sich durch Fehler bedroht. Denn Scheitern ist dann ein Beweis dafür, dass man zu dumm oder zu unfähig ist."

Es tut uns also gut, wenn wir uns als lernfähig begreifen, als Menschen, die sich eben immer weiterentwickeln. Zu diesem Thema forscht US-Psychologiedozentin Carol Dweck seit vielen Jahren. Sie unterscheidet Menschen, die ein „Fixed Mindset" haben, also von sich selbst denken, dass sie nicht viel dazulernen können, von solchen, die ein „Groth Mindset" haben, also immer weiterlernen wollen. „Nur wer von sich weiß, dass er aus Fehlern lernt, fürchtet das Scheitern nicht", sagt Carol Dweck. Ein sogenanntes Groth Mindset zu haben, kann uns also helfen. Und man kann es tatsächlich trainieren oder auch in Institutionen wie Schulen und Universitäten

fördern. Dweck berichtet in einem TED-Talk von einer Schule in Chicago, in der Schüler, die in Tests schlecht abschnitten, nie schlechte Noten bekamen. Unter ihren Tests stand stattdessen die Bemerkung „not yet", was bedeutet, dass der Schüler den Stoff „bis jetzt noch nicht" beherrscht. Diese beiden kleinen Wörtchen, so Dweck, wären ein starker Ausdruck eines „Groth Mindset". Sie zeigen, dass die Lehrer daran glauben, dass Schüler sich in einem Bereich noch verbessern können und werden, „not yet" entwickelte sich zu einer Art Zauberwort. Und die Motivation der Jugendlichen steigerte sich deutlich – sie fingen an, selbst an ihre Lernfähigkeit zu glauben.

Ich mag das Beispiel, denn ich habe mich ähnlich entwickelt: Heute arbeite ich als Journalistin, mache viele Fehler und traue mir auch zu, weiterzuwachsen. Was ich allerdings immer noch nicht schaffe, ist, bei Niederlagen besonnen zu bleiben. Immer wieder empfinde ich Scham, Unzulänglichkeit und Peinlichkeit. „Das Gegenmittel bei solchen Gefühlen ist Empathie", schreibt Brené Brown, Mitgefühl mit sich selbst. Es gehe darum, sich die Erlaubnis zu geben, auch mal nicht gut dazustehen. Praktisch heißt das: Erzähle Freunden, wenn etwas schiefgeht. Sei traurig, sei wütend und zeige es. Schreibe auf, was dich verletzt. Das werde ich ausprobieren. Auch wenn ich dabei stolpere und mir die Knie blutig schlage. ●

TEXT **CAROLINE BUIJS, ANNE OTTO** FOTO **GETTY IMAGES, INTERFOTO/CLASSICSTOCK**

Feel connected

Auf den Trennerseiten findest du diesmal Arbeiten der
Künstlerin Clare Nicolson. Ursprünglich kommt sie aus
Schottland, lebt und arbeitet aber in London. Inspiration
für ihre bunten grafischen Drucke bekommt sie bei ver-
schiedensten Gelegenheiten: auf einer Reise in die Wüste,
in einem Sportkurs, auf einem Spaziergang über eine
Blumenwiese, durch Vögel, die in den Bäumen vorm Fenster
zwitschern. Der Entwurf auf der Vorderseite heißt *Palm*.

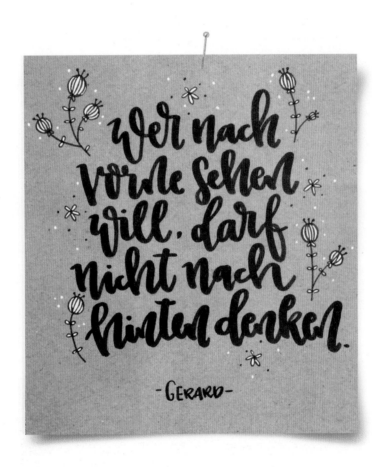

Bereits als Kind probierte sich Petra Schulz im Kalligrafieren. Die selbst geschriebenen Songs ihres Freundes ließen ihr Interesse wieder erwachen. „Ich fand es spannend, die Texte weiterzuverarbeiten und mich dadurch auszudrücken. Typografie lässt dir so viele Gestaltungsmöglichkeiten", schwärmt die Österreicherin vom Handlettering. Sie lettert Zitate, Sprüche oder Songzeilen, die sie berühren – wie etwa diese des Rappers Gerard. Auf Instagram steckt sie auch andere mit ihrer Liebe zur Schriftkunst an. @unakritzolina

FEEL
CONNECTED

*Ein Blick auf die Welt
und die Menschen um uns*

Essenseinladung

Traveling Spoon bringt die Freude am Reisen und Essen zusammen. Auf der Website kannst du Kochkurse für den Urlaub buchen, und zwar bei Einheimischen zu Hause. Sie nehmen einen auch mit zum Einkaufen, gemeinsam kocht und genießt man dann ein landestypisches Gericht, nette Gespräche inklusive. Die Idee stammt von Aashi Vel und Steph Lawrence, das Projekt gibt es schon in 20 Ländern. travelingspoon.com

NIE VERSCHICKTE BRIEFE

Emily Trunko (16) hat eine ganze Sammlung von Briefen, die sie sich niemals abzuschicken traute. Sie fragte sich, ob es wohl auch anderen so geht, und startete das Blog *Dear My Blank*. Dort veröffentlicht sie Liebesbriefe, mutige oder traurige Worte ihrer Leser, die ihren Empfänger nie erreicht haben. Ihr Buch *Ich wollte nur, dass du noch weißt* (Loewe, 14,95 Euro) zeigt eine Auswahl berührender Beiträge, wunderbar gestaltet von Lisa Congdon.

FRAGEN BRINGT NÄHE

Niklas Löwenstein entwickelte die aus den sozialen Netzwerken bekannten 36 Fragen zum Verlieben für Paare weiter. Sein Buch heißt *36 Fragen an die Liebe* (Eden Books).

Warum sollten wir mehr Fragen stellen? Dieses aufregende Kennenlernen am Anfang einer Beziehung geht leider im Laufe der Zeit ein wenig verloren. Mein Buch lädt dazu ein, sich mal wieder Zeit zu nehmen und Neues am Partner zu entdecken.

Gibt es nach langer Beziehung denn Dinge, die wir noch nicht über unseren Partner wissen? Zum Glück gibt es die.

Und es muss sie auch weiterhin geben. Es geht nicht darum, alles über den Partner zu wissen, sondern neugierig zu bleiben für all seine Facetten.

Hat sich durch das Buch in Ihrer eigenen Ehe etwas verändert? Mir ist etwas Einfaches aufgefallen: Während ich mir zwar Ziele für meinen Beruf setze, nahm ich die Beziehung häufig zu selbstverständlich. Ich habe deshalb angefangen, mir auch für unsere Beziehung und die Familie mehr vorzunehmen, und trage zum Beispiel Zeiten für meine Kinder und Abende mit meiner Frau im Kalender ein.

TRAUERHILFE

Es ist schwer, damit umzugehen, wenn man einen nahestehenden Menschen verliert. Zur Unterstützung haben die Trauerbegleiterinnen Madita van Hülsen und Anemone Zeim eine Box zusammengestellt, die ermutigt, „voranzutrauern", wie sie es nennen, den Weg durch dieses überwältigende Gefühl zu finden. Drin findet man etwa eine Trauerlandkarte, Wunschschiffchen, Erste-Hilfe-Würfel, eine Wutkapsel und ein Tagebuch. 69 Euro, shop.vergiss-mein-nie.de

TEXT SARAH ERDMANN, LENA NEHER FOTO ILONA HABBEN, PETER MEHLING, PLAINPICTURE, THOMAS RUSCH/PORTRAID, STOCKSY ILLUSTRATION LISA CONGDON/LOEWE

Freundschaften pflegen

Womit verbringen die Deutschen nach Feierabend ihre Zeit? Das untersucht die Studie „Freizeit-Monitor" regelmäßig. Das aktuelle Ergebnis überrascht nicht wirklich: Fernsehen, Radio und Internet stehen hoch im Kurs, gleichauf sind Sport und Erholung. Die gemeinsame Zeit mit Freunden allerdings kommt kürzer als je zuvor. Dabei tut sie uns doch so gut. Wir in der Redaktion haben gleich mal ein paar Verabredungen getroffen – Fernsehen und Internet können warten.

BUNTE GESCHICHTE

Auch Farben können Erinnerungen wecken. Ausprobieren kann man das mit den Wandfarben „Caparol Icons". Anregungen für die 120 Töne und ihre Namen haben sich die Entwickler nämlich in den vergangenen sechs Jahrzehnten geholt. Sie enthalten extraviele Farbpigmente, leuchten so besonders schön, haben aber ihren Preis: ab 85 Euro/2,5 Liter. caparol.de

ECHT GUTE BILDER

Der Fotograf Thomas Rusch hilft Menschen mit dem, was er am besten kann: Durch kunstvolle Porträts macht er auf Armut und Not aufmerksam. Das Projekt, das er zusammen mit der Unternehmerin Andrea Bury startete, heißt *Portraid*. Der Erlös der Bilder kommt direkt den fotografierten Menschen zugute. In der Bildreihe *I see you learn* thematisiert er zum Beispiel den fehlenden Zugang zu Bildung vieler Kinder in ländlichen Gebieten Marokkos. Der Verkauf seines Porträts ermöglicht dem fotografierten Kind den Besuch einer Vorschule. Weitere Bildreihen ansehen unter portraid.de

TEXT SARAH ERDMANN, ANDREA SCHWENDEMANN FOTO KRISTEN FORTIER, STEFANIA GIORGI/LIVING INSIDE, UTA GLEISER, JULES VILLBRANDT

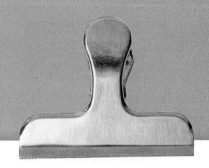

Jörn

Carlotta

Sarah

Was machst du gerade?

DAS HABEN WIR DREI MENSCHEN

GEFRAGT, DIE WIR KLASSE FINDEN

Papier ist ihr manchmal nicht lebendig genug, deshalb entwirft Sarah auch Stofftiere und Kissen

Früher wollte sie Meeresbiologie studieren. Die Begeisterung für Wale ist geblieben

Sarah Neuendorf

✖ 27 JAHRE 🏠 LEBT IN BERLIN ❤ MIT FREUND STEPHAN

☛ ILLUSTRATORIN UND GRAFIKDESIGNERIN

↖ GRETASSCHWESTER.COM

Was machst du gerade?

Ich arbeite an einer Sternenkarte. Dieser Kosmos spielt in unserem Alltag gar keine Rolle mehr, dabei waren die Sterne früher so wichtig für den Menschen. Ich finde es spannend, zu wissen, was uns da oben im Weltall umgibt.

Du setzt dich in deinen Arbeiten viel mit der Natur auseinander ...

Das stimmt. Ich habe zwei große Leidenschaften: die Biologie und die Illustration. Eigentlich wollte ich Meeresbiologie studieren, habe mich dann aber doch für das Grafikdesign entschieden. Durch meine Illustrationen bringe ich beides wieder zusammen, zum Beispiel mit den Stoffwalen Ava und Noah, zwei meiner Entwürfe.

Wo findest du Inspiration?

Ich versuche, so viel wie möglich von der Welt zu sehen. Unberührte Orte, an denen der Einfluss des Menschen kaum zu spüren ist, begeistern mich am meisten. Praktischerweise ist mein Freund Pilot, so kann ich viel reisen. Wenn ich zurück bin, nehme ich mir Zeit, um die Eindrücke zu verarbeiten. Manchmal bin ich selbst überrascht, was dabei herauskommt.

Hast du ein Beispiel?

Ich musste tatsächlich erst nach Südafrika fliegen, um zu entdecken, wie man Bäume auf andere Weise zeichnen kann. Bis dahin hatte ich nur Kakteen und Tannen vor Augen. In Afrika hab ich auch viele Zebras gesehen. Als ich etwas später von einer Islandreise zurückkam, war da in meinem Kopf plötzlich die Geschichte vom Zebra Yolk, das mit einem Schiff nach Island fährt und gegen die Kälte einen gelben Strickpullover trägt. Es macht mir unheimlich viel Freude, in wenigen Stunden Arbeit ganze kleine Welten zu erschaffen.

Du liebst die Natur, lebst aber in Berlin. Möchtest du nicht lieber aufs Land ziehen?

Ja, manchmal würde ich gern alles, was ich habe, verkaufen, in eine Holzhütte ziehen und in den Wäldern leben. Aber dafür bin ich doch zu sehr Stadtkind. >

„Ich finde es schön, kleine Welten zu erschaffen"

„Vielleicht traue ich mich im Schauspiel so viel, weil es das ist, was ich wirklich will"

Atmosphäre schaffen: An historischen Orten kommt der Schauspieler in Jörn zum Vorschein

Jörn führt Touristen durch die Hamburger Speicherstadt zur Hafencity und zur Elbphilharmonie

Jörn Grosse

✘ **29 JAHRE** ❚ **LEBT IN HAMBURG** ☛ **SCHAUSPIELER**
UND STADTFÜHRER ↖ **JOERNGROSSE.DE**

Was machst du gerade?
Ich stehe auf dem Rathausmarkt in Hamburg mit meinem roten Schirm und warte darauf, dass eine Tour für eine Stadtführung zustande kommt. Wenn genug Leute da sind, geht es los.

Du bist ja eigentlich Schauspieler. Sind die Stadtführungen ein Übungsfeld für dich?
Ja, in gewisser Weise schon. Ich trainiere meine Stimme und bemühe mich, Bilder und Atmosphären zu erzeugen. Zum Beispiel wenn wir an den Ort kommen, an dem einst der alte Mariendom stand. Dort haben sich früher die Gaukler getroffen. Das bunte Treiben versuche ich dann für die Teilnehmer meiner Stadtführungen lebendig werden zu lassen.

Seit wann weißt du, dass du als Schauspieler arbeiten möchtest?
Ich war schon immer sehr kreativ und fantasievoll. Trotzdem habe ich nach der Schule beim Finanzamt Steuerrecht studiert und danach als Beamter gearbeitet. Aber ich bin oft mit schlechter Laune zur Arbeit gegangen und war

viel krank. Mir ging es einfach nicht gut. Irgendwann wurde mir klar: Ich möchte diesen Job auf keinen Fall noch 30 Jahre machen. Da habe ich gekündigt, um Schauspieler zu werden.

Eine mutige Entscheidung ...
Ja, aber irgendwie auch logisch und konsequent. Ich hatte eine innere Gewissheit, dass ich in diesem Beruf genug Geld verdienen werde. Mit den Stadtführungen habe ich am Anfang meiner Selbstständigkeit begonnen, um mich über Wasser zu halten. Inzwischen bräuchte ich sie nicht mehr, aber sie machen mir nach wie vor viel Spaß.

Bist du ein furchtloser Mensch?
Nein, als Kind war ich eher ängstlich. Heute ist das anders. Ich gehe in meinen Rollen auf, beweise im Spiel auch Mut zur Hässlichkeit. Vielleicht traue ich mich das, weil ich weiß, was auf der anderen Seite auf mich warten würde: die Beamtenlaufbahn mit vorbestimmtem Tagesablauf. Deshalb nehme ich als Schauspieler alles mit und genieße es, mein Leben selbst zu gestalten.   >

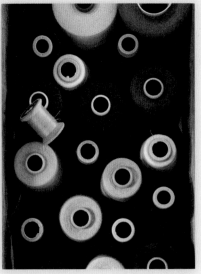

In ihrem Atelier in Pallanza entwirft Carlotta ihre Hutkollektionen und stellt sie auch aus

Carlotta Sadino

✴ 32 JAHRE ♟ LEBT IN DER NÄHE VON BERGAMO IN ITALIEN ❤ MIT PARTNER UND ZWEI HUNDEN ☞ HUTDESIGNERIN ↗ ATELIERCARLOTTASADINO.COM

Was machst du gerade?
Ich entwerfe jeden Hut meiner Kollektionen selbst und möchte auch beim Verkauf möglichst nah an den Kunden sein. Deshalb arbeite ich gerade an meiner neuen Website mit einem Shop. Für uns Designer ist es heute zum Glück einfach, über das Internet Menschen auf der ganzen Welt zu erreichen.

Warum Hüte?
Das war Zufall. Ich wollte etwas schaffen, das ich komplett selbst machen kann – vom Design bis zur Fertigung. Ich habe mit Hüten angefangen und schnell meinen eigenen Stil entwickelt. Übrigens trage ich selbst keine Hüte. Ich wäre meine schlechteste Kundin.

Was für Hüte fertigst du an?
Ich folge keinen Trends, sondern versuche, neue Stile zu entwickeln. Den Pallanza-Hut zum Beispiel, das ist mein Lieblingsmodell. Eine asymmetrische Kopfbedeckung mit breiter Krempe. Was die Materialien betrifft: Ich arbeite gern mit Jute. Das ist ein Stoff, den

manche „minderwertig" oder „arm" finden, aber ich mag ihn. Er lässt sich gut verarbeiten und ist umweltfreundlich. Ob etwas wertvoll ist, hat ja nichts damit zu tun, aus welchem Material es ist.

Stimmt es, dass vor allem reiche Leute Hüte tragen?
Ganz und gar nicht. Hüte sind etwas für Menschen mit Persönlichkeit. Das hat nichts mit Reichtum zu tun. Meine Hüte werden vor allem von Frauen gekauft, denen es egal ist, was andere über sie denken. Das würde ich auch gern über mich sagen, aber so weit bin ich noch nicht. Meine „Hutfrauen" jedenfalls tragen ihre Kopfbedeckungen auf ganz natürliche Weise. Ihr Geheimnis ist, dass sie sich gut fühlen, und deshalb sehen sie auch gut aus.

Wann fühlst du dich wohl?
Wenn ich mit mir im Reinen bin. Denn Selbstbewusstsein kommt von innen. Mode kann zwar helfen, dieses gute Gefühl zu verstärken, sie allein ist aber nicht der Schlüssel zum Glück. ●

Sie fertigt vor allem Frauenhüte. Bei Schiebermützen macht sie eine Ausnahme, dieser Stil gefällt ihr nämlich

„Selbstbewusstsein kommt von innen.
Mode kann nur helfen,
dieses gute Gefühl zu verstärken"

Wie ehrlich willst du sein?

Meist fühlen wir uns mit Freunden wohl. Doch manchmal ärgern wir uns auch über sie oder haben plötzlich das Gefühl, dass etwas nicht stimmt. Sollen wir solche Empfindungen unterdrücken oder einfach aussprechen? Und was bringt uns die Offenheit?

Vor einiger Zeit fühlte ich mich mit einer meiner besten Freundinnen einfach nicht mehr wohl. Julia und ich kennen uns seit Jahren, treffen uns mehrmals im Monat. Doch Julias Ton mir gegenüber hatte sich irgendwie verändert, sie machte immer wieder schnippische Bemerkungen über meine Beziehung, meine Arbeit oder meine Klamotten („Schon wieder Grau?"). Über Wochen baute sich eine giftige Stimmung auf, ich wurde reservierter, verteidigte mich, schoss zurück. Das wurde so unangenehm, dass ich überlegte, Treffen abzusagen. Und natürlich dachte ich auch darüber nach, anzusprechen, was mich störte. Doch anders, als ich es bei meinem Freund machen würde, zögerte ich den Konflikt hinaus. Ich konnte das Thema nicht in Worte fassen und außerdem empfand ich es als lästig, grundsätzlich zu werden, mich zu streiten.

VIEL DAMPF
Wir neigen alle dazu, Konflikte in Freundschaften erst mal auszusitzen, bestätigt Sozialpsychologin Beverley Fehr von der kanadischen University of Winnipeg. Sie erforscht seit den 90er-Jahren, wie Freundschaften entstehen und auseinandergehen. Anders als in einer Liebesbeziehung machen wir uns unter Freunden gern vor, dass so eine Missstimmung „nur eine Phase" ist. „Dabei ist oft das Gegenteil der Fall", sagt Philosophin Catharina de Haas, die sich ebenfalls eingehend mit dem Thema beschäftigt hat. Ihrer Meinung nach funktionieren Konflikte unter Freunden wie ein Schnellkochtopf. Am Anfang glaubt man, es seien Lappalien, über die man nicht reden muss. Dann steigt der Druck. „Es ist natürlich nicht angenehm, jemanden auf Spannungen anzusprechen", bestätigt auch Catharina de Haas. „Kritik oder Unsicherheit zu verschweigen kann einer Freundschaft jedoch schaden. Wenn man schlechte Laune herunterschluckt, ist das Heuchelei. Irgendwann

entweicht der angestaute Ärger dann mit einem Schlag, weil der Druck zu groß geworden ist." Wenn es so weit gekommen ist, laufe man Gefahr, das Verhältnis mit einem impulsiven Streit nachhaltig zu beschädigen. Oder die Gereiztheit wird so stark, dass beide sich frustriert zurückziehen und den Kontakt lieber aufgeben.

DAS IST DOCH LANGWEILIG
Forscher sind sich also einig: Ehrlichkeit ist in Freundschaften hilfreich. Und zwar nicht nur im Streitfall. Das zeigt etwa die französische Komödie *Ziemlich beste Freunde,* in der es um die zunächst unmöglich erscheinende Freundschaft zwischen dem gelähmten Aristokraten Philippe und seinem aus armen Verhältnissen stammenden Betreuer Driss geht. Dass Philippe den etwas ungehobelten Driss überhaupt als Assistenten einstellt, hat mit dessen Ehrlichkeit zu tun. Driss spricht Philippe im Vorstellungsgespräch offen auf seine Behinderung an, später lacht er ihn sogar aus, als er mitbekommt, wie Philippe poetische Episteln an eine Briefgeliebte schreibt. Doch statt ihr von Engelchen und Sagengestalten zu erzählen, rät Driss, solle er lieber einen anderen Ton anschlagen: „Das ist doch langweilig, was du schreibst! Ruf sie an, lausche ihrer Stimme, frag sie, ob sie dick ist. Verabrede dich mit ihr." Philippe wagt sich durch Driss weiter auf das Gebiet der Liebe vor. Und, noch wichtiger, zwischen den beiden entsteht echte Freundschaft.

Das ist tatsächlich nicht weiter verwunderlich, denn viele nahe Beziehungen beginnen damit, dass man sich von Sorgen oder Schwächen erzählt, sich „offenbart" – und sich auch mal auf die Schippe nimmt und frei heraus sagt, was man am anderen seltsam findet. Mit meiner Freundin Julia habe ich eigentlich genau diese Ebene: >

EBENSO WIE EIN SCHWIERIGES BUCH KANN EIN SCHWIERIGER FREUND DICH ETWAS LEHREN, DICH DAZU ANREGEN, DEIN LEBEN ZU VERÄNDERN

Indiana. Man spürt dann nämlich vor allem, dass man zu sich selbst steht. Und dass man für die Freundschaft gesorgt hat. Denn klar: wer sich die Mühe macht, ehrlich zu sein, der zeigt auch, dass ihm der andere wichtig ist. Laut Philosophin Catharina de Haas ist es ein Zeichen von einer wirklich tragfähigen Freundschaft, Kritik voneinander anzunehmen und sie aushalten zu können. Das biete immer die Möglichkeit zur Veränderung der Beziehung, schweigt man dagegen, bleibe alles beim Alten.

ES TUT WEH

Doch eine Garantie, dass Offenheit sich positiv auswirkt, gibt es nicht. Laut einer Studie von Beverley Fehr scheint immerhin jede dritte Aussprache dazu zu führen, dass Freunde einlenken, wieder aufeinander zugehen. Häufige Kritikpunkte wie „Wir verbringen zu wenig Zeit miteinander" oder „Du engst mich ein" werden dann ernst genommen, und das Gegenüber versucht, etwas zu ändern. Doch es gibt auch Konflikte, die sich nicht lösen lassen. Schwierig wird es immer dann, wenn eine der Parteien die unausgesprochenen Regeln einer Freundschaft nicht mehr anerkennt – etwa dass man sich hilft oder regelmäßig sieht. Dann ist das Risiko groß, dass die Freundschaft komplett kippt. Das fanden jedenfalls die Psychologen Michael Argyle und Monika Henderson von der Universität Oxford heraus, als sie in den 80ern den Stellenwert von Freundschaftsregeln in verschiedenen Ländern erforschten.

Von einer solchen Schieflage erzählt der schwedische Dokumentarfilm *Martha & Niki*. Die Protagonistinnen sind

Sie sagt mir verlässlich, wenn ich mal wieder dabei bin, alles zu zerdenken. Und ich sage ihr, wann sie zu viel von ihren Kindern oder ihrem Mann erwartet. Doch trotz unserer Offenheit fiel es mir schwer, ihr zu sagen, dass mich etwas an unserer Freundschaft störte.

IMMER NOCH FREIWILLIG

Ein wenig liegt das auch in der Natur der Sache. Eine Freundschaft ist laut Definition „eine freiwillige persönliche Beziehung, die auf Sympathie, Vertrauen und Unterstützung beruht". Diese Freiwilligkeit ist vielen bewusst, und die Idee, dass man vom anderen nicht unbedingt fordern kann, wie er sich zu einem verhält oder wie eng der Kontakt sein soll, haben wir verinnerlicht. Während wir einem Partner schnell mitteilen, was wir uns wünschen, haben wir häufig das Gefühl, eine Freundschaft müsse von selbst funktionieren. Ich jedenfalls empfinde es so. Deshalb hat es Monate gedauert, bis ich die Spannungen mit Julia ansprach. Sie war von meiner Offenheit zunächst nicht begeistert, zog sich zurück, sagte, dass sie keine Lust habe, sich mit meinen Anschuldigungen herumzuschlagen. Eine Woche hörte ich nichts von ihr. Die Heftigkeit ihrer Reaktion überraschte mich. Genauso überraschte es mich, als sie dann doch anrief und sich erklärte: Sie sei einfach mit einigen Dingen unzufrieden, gestresst und deshalb schnippisch. Außerdem fühle sie sich von meinen vielen Ideen überrollt. Nun war ich diejenige, die nachdenken musste. Gleichzeitig war ich erleichtert, weil wir auf einer neuen Ebene ins Gespräch gekommen waren.

Dass man sich besser fühlt, wenn man eine unangenehme Wahrheit einem Freund gegenüber ausgesprochen hat, zeigt eine Untersuchung der University of Notre Dame in eng befreundet, bilden seit Jahren ein erfolgreiches Hip-Hop-Tanzduo. Dann gesteht Martha, dass sie andere Wege gehen will. Sie denke schon lange darüber nach, zurück in ihre Heimat Afrika zu gehen. Außerdem sei es ständig nur darum gegangen, was Niki wollte. Es entsteht ein aufreibendes Gespräch. Vor allem weil Niki immer unsicherer wird: Hat sie Martha jahrelang ungewollt dominiert, obwohl Martha für sie so wichtig ist und sie das Tanzen im Duo liebt? Sich anzuhören, dass eine Freundin lange nicht ehrlich war, tut weh. Niki stellt daher die Frage, warum Martha nicht früher etwas gesagt hat. Doch hätte es etwas genützt? Wenn eine Freundin gerade anderes wichtiger findet als die Freundschaft, heißt es manchmal auch loslassen. Vielleicht gibt es ja in einer anderen Lebensphase wieder eine Chance auf Annäherung.

EIN ANDERES ICH

Wenn an der Freundschaft aber grundsätzlich beide interessiert sind, können Konflikte auch hilfreich für unsere Weiterentwicklung sein. Der Psychotherapeut Mark Vernon plädiert deshalb dafür, Freunde, mit denen es auch mal Probleme gibt, auf keinen Fall fallen zu lassen. „Genau wie aus einem schwierigen Buch kann man von einem schwierigen Freund lernen. Er kann dich dazu herausfordern, dein vertrautes Selbstbild zu korrigieren, indem er dir unangenehme Wahrheiten vorhält." Der Philosoph Aristoteles bezeichnete einen Freund deshalb als ein „anderes Ich". Er könne sich in uns hineinversetzen, uns zeigen, wer wir sind. Er hält uns den Spiegel vor. Für meinen Konflikt mit Julia stimmt es. Ich habe eine Weile überlegt, an welchen Stellen ich sie – und auch andere – mit meinem Output überfahre und nerve. Ich versuche jetzt, nicht jeden Gedanken gleich auszusprechen. Dass Julia und ich den Konflikt beigelegt haben, merke ich auch daran, dass wir uns gegenseitig wieder an unsere Schwächen erinnern. Und sogar darüber lachen können. ●

„Ich sehe meinen Geist und Körper gern als ein Experimentierfeld"

MIT 19 JAHREN ENTDECKTE BRITTA HÖLZEL AUF EINER REISE

DURCH INDIEN IHRE LIEBE ZU ACHTSAMKEIT UND MEDITATION. ALS

ERSTE WISSENSCHAFTLERIN HIERZULANDE HAT SIE DARÜBER

GEFORSCHT UND ARBEITET HEUTE ALS ACHTSAMKEITSTRAINERIN

1998, in den Bergen. Da bin
ich schon immer gern gewesen

Papa und ich bei der Hochzeit
meiner Patentante, 1992

Als Baby mit meiner
Mutter, 1978

Während meiner
Ausbildung zur Yoga-
lehrerin, 2004

Mit meinem Bruder, ich
war ungefähr sechs

NAME: Britta Hölzel
GEBOREN: 1978, Wiesbaden
BERUF: Neuropsychologin
Für Meditation, Yoga und Acht-
samkeit interessiert sich
Britta Hölzel schon seit fast
20 Jahren. Sie hat an Retreats
in Klöstern teilgenommen, eine
Ausbildung zur Yogalehrerin
und Achtsamkeitstrainerin
gemacht und gleichzeitig als
Neurowissenschaftlerin dazu
geforscht, wie Meditation
Menschen und ihr Gehirn ver-
ändert. Sie war am Bender
Institute of Neuroimaging in
Gießen und in Harvard tätig.
Heute lebt sie mit ihrem
Partner und der drei Jahre
alten Tochter in München.

Im Kloster in
Thailand fielen die
langen Haare, 1999

< 2001, Yoga-Retreat
in Indien. Der
Lehrer wurde später
ein guter Freund

VERGANGENHEIT

„NACH DEM ABI WOLLTE ICH BEI MUTTER TERESA IN KALKUTTA

MITARBEITEN. DOCH ALS ICH IN INDIEN ANKAM, WURDE

SCHNELL KLAR: DIESE AUFGABE IST EINE NUMMER ZU GROSS"

Denke ich an meine Kindheit, sehe ich, dass ich gleichermaßen von meinem Vater und meiner Mutter beeinflusst worden bin. Mein Vater ist Arzt, sehr genau, denkt wissenschaftlich. Meine Mutter dagegen ist intuitiv und offen. Sie blieb mit meinem jüngeren Bruder und mir zunächst zu Haus, in Wiesbaden, hat sich mit Meditation beschäftigt, mit Körpertherapie, war später auch in dem Bereich tätig. In meiner Jugend hat sie mich mit ihrem „esoterischen Kram" manchmal genervt. Und doch hat sie mich mit ihrem Wissen über die Zusammenhänge von Geist und Körper geprägt. Ich erinnere mich, dass sie mir mal den Tipp gab, mich fest auf beide Beine zu stellen, dann würde ich mich mehr in meiner Kraft fühlen. Das hat wirklich gewirkt.

Dass ich seit Jahren Achtsamkeitsmeditation und Wissenschaft zusammenbringe, ist wohl kein Zufall. Ich habe versucht, die sehr unterschiedlichen Herangehensweisen, die meine Eltern ans Leben hatten, miteinander zu verbinden, sodass sie sich bereichern. Überhaupt sind wir in der Familie alle an ähnlichen Themen interessiert. Auch mein Bruder ist Psychologe und Wissenschaftler. Es macht uns viel Freude, uns über Fachliches auszutauschen.

In meiner Jugend erwachte mein Interesse für andere Kulturen, für Entwicklungshilfe. Ich gehörte zu einem Freundeskreis, in dem wir dieses Interesse teilten, und wir diskutierten viel. Meine Clique und unsere Themen waren mir lange viel wichtiger als die Schule, die fand ich oft langweilig.

Nach dem Abi flog ich nach Indien – ohne Rückflugticket. Ich wollte mit zwei anderen deutschen Mädchen ein Jahr bleiben und im Haus von Mutter Teresa arbeiten, wo sie Kranke pflegte, wollte mich vor Ort einbringen, um Notleidenden zu helfen. **Aber als wir in Kalkutta ankamen, wurde schnell klar, dass diese Aufgabe eine Nummer zu groß war. Am ersten Tag ging ich durch die Straßen, sah die Slums, sah Sterbende am Wegesrand. Das hat mich so erschüttert, dass ich die ganze Nacht durchweinte.** Zum Glück sind wir dann erst mal aufs Land gegangen, in ein Dorf mit 200 Leuten. Wir kamen bei einer Familie unter, lebten bei ihnen in einer Lehmhütte, übernahmen kleine Arbeiten wie Zäune streichen. Wir redeten viel mit den Leuten, versuchten, etwas voneinander zu verstehen. Das war der Kontakt, von dem ich vorher geträumt hatte. Ich fand es faszinierend, wie stark wir von unserem kulturellen Umfeld geprägt sind. Ich überlegte mir: wenn ich in einer anderen Kultur geboren worden wäre, wäre ich eine ganz andere Person. Das brachte auch die Frage auf, wer ich denn dann wirklich „selbst" bin, wenn so viel, was ich denke, fühle und tue, geprägt ist von meinem Umfeld. Diese Frage beschäftigt mich auch heute noch oft.

Als ich später noch einige Monate durchs Land reiste, bin ich durch Zufall in einem Yoga-Ashram gelandet – etwas, das mein Leben wesentlich geprägt hat. Meditation und Yoga waren für mich regelrecht eine Offenbarung. Ich fühlte mich nach den Stunden unglaublich gut. Ruhig, frei und lebendig. Im Ashram hatten wir auch Philosophiestunden, in denen wir über die Funktionsmechanismen des Geistes sprachen. Ich fand es faszinierend, dass man seinen Geist bewusst wahrnehmen und beobachten kann. Die alten indischen Lehren sagen, dass wir uns Leid oft selbst erschaffen, indem wir Erwartungen hegen, wie die Dinge im Leben sein sollten. Und dann Widerstand aufbauen, wenn sie anders sind, als erhofft. Die Erkenntnis, dass wir uns von manchen Mustern lösen können, mit denen wir die Dinge letztlich komplizierter machen, ist damals glasklar bei mir angekommen. Ich fand das befreiend. Eine Zeit lang hab ich sogar ernsthaft überlegt, im Ashram Nonne zu werden, radikal in die Erfahrung einzutauchen.

Ich sah meinen Geist, meinen Körper als Experimentierfeld, als Labor. Ein Gefühl, das mich bis heute begleitet. Dennoch: auch wenn ich es verlockend fand, wie die Mönche alles hinter mir zu lassen – letztlich wollte ich mich doch nicht aus der Welt ausklinken. Aber ich habe damals für mich erkannt, dass es nicht mein Weg ist, von außen etwas zu verändern. Meine erste Berufsidee, Entwicklungshelferin zu werden, verwarf ich. Wenn ich etwas bewegen will, so dachte ich schon damals, beginne ich am besten im Inneren, lerne mich selbst zunächst besser kennen, um dann zu schauen, wie ich besser mit mir und meinem Umfeld umgehen kann. Noch von Indien aus habe ich mich deshalb für ein Psychologiestudium eingeschrieben.   >

GEGENWART

„MEINE FREUNDE RIETEN MIR AB, MEINE DOKTORARBEIT ÜBER MEDITATION ZU SCHREIBEN. MEIN DOKTORVATER WURDE FÜR SEINE FORSCHUNG ZUM THEMA NOCH BELÄCHELT"

Seit meiner Indienreise sind Yoga und Meditation zentrale Themen für mich. Nach meiner Rückkehr suchte ich mir in Wiesbaden gleich eine Yogalehrerin, ging ganz in der Erfahrung auf. Von Anfang an liebte ich den Sonnengruß und den Kopfstand. Es gefällt mir einfach, die Welt aus einer anderen Perspektive zu sehen. Bei anderen Asanas fand ich es spannend, mich auch mit den auftauchenden unangenehmen Gefühlen zu beschäftigen. Heute ist Yoga ja fast Breitensport, Achtsamkeitsmeditation für viele ein Begriff, noch vor gerade mal 20 Jahren wirkte es beinahe wunderlich, sich damit zu beschäftigen.

In meinem alten Freundeskreis, der mir nach wie vor wichtig war, hat sich damals jedenfalls niemand dafür interessiert. Diese Erfahrung habe ich alleine weiterverfolgt. Indien hatte meine Prioritäten komplett verändert. Und auch meine Wahrnehmung auf Deutschland war ganz anders als vor der Reise. Manchmal saß ich zum Beispiel in Frankfurt im Linienbus und wunderte mich plötzlich, dass alle Leute ganz selbstverständlich Socken trugen. Auf ähnliche Weise hatte mich vielleicht anfangs in Indien gewundert, dass viele Menschen barfuß liefen. Ich war mir einfach bewusster geworden, dass wir alle viele Dinge nur deshalb normal finden, weil sie eben zu unserer Kultur gehören.

Auch an der psychologischen Fakultät in Frankfurt, wo ich studierte, lernte ich in den ersten Jahren nur wenige Leute kennen, die sich für Meditation oder für Yoga interessierten. Auch im Studium selbst spielte das nie eine Rolle. Da gab es nur die Wissenschaft. Ein einziges Mal erwähnte ein Professor das Wort „Meditation". Er sagte, das sei eine Technik, die man zur Erkenntnisgewinnung nutzen könne, doch sie sei nicht gut und auch nicht präzise genug. Ich fand das enttäuschend, da ich ja mittlerweile wusste, wie viel ich selbst beim Meditieren über mich, meinen Geist und meinen Körper erfuhr.

Für mein Studium habe ich mir viel Zeit gelassen und insgesamt zwölf Semester gebraucht – das würde heute wahrscheinlich gar nicht mehr gehen. Anderes war mir – wie schon zu Schulzeiten – einfach wichtiger. Meine Freunde. Meine Meditationspraxis. Die Yogalehrerausbildung, für die ich mich damals schon entschieden hatte. **Ich gab auch manchmal Yogastunden, und es klingt jetzt kitschig, aber während wir zusammen Yoga machten, war so viel Energie im Raum, so viel Freude, Verbindung oder sogar Liebe, dass ich immer ganz beglückt aus den Stunden kam. Mir war damals schon klar: Ich will immer auch unterrichten.**

Dass ich so lange studiert habe, lag auch daran, dass ich immer reisen wollte. Sobald Semesterferien waren, brach ich auf, kratzte mein Geld zusammen für den Flug, war in Indien, Thailand, Laos. Drei Monate pro Jahr war ich mindestens unterwegs, verbrachte viel Zeit in Klöstern. Die modernen Achtsamkeitstrainings kannte ich damals noch nicht, aber bei Retreats habe ich Achtsamkeitsmeditation geübt, das waren oftmals stark religiös geprägte und langwierige Übungen. Mir hat das damals gefallen, ich empfinde es jedoch als große Chance, dass es heute Techniken gibt, die einfacher zugänglich sind und keinen religiösen Überbau benötigen.

Aber ich machte auch andere Reisen, fuhr manchmal einfach mit meinem damaligen Freund im VW-Bus los, ins Blaue hinein, etwa Richtung Marokko. Für uns war eine Reise nur dann gelungen, wenn wir mit den Menschen wirklich in Kontakt kamen, wir wollten verstehen, wie Marktleute oder Fischer lebten. Sehenswürdigkeiten interessierten uns damals weniger.

Als ich mit dem Studium fertig war, war ich schon Yogalehrerin. Für meine Doktorarbeit wollte ich nun gern meine Interessensbereiche verbinden, über Meditation forschen. Ich wechselte die Universität und ging nach Gießen zu Ulrich Ott. Er war damals schon einer der wichtigsten Neurowissenschaftler in dem Bereich. Trotzdem wurde das, was er machte, von vielen skeptisch betrachtet. Auch Freunde rieten mir noch davon ab, über Meditation zu promovieren. Sie hatten den Eindruck, das sei eine Sackgasse. Ich wollte aber unbedingt etwas erforschen, was mich interessierte. Meine Eltern haben mich in dem Vorhaben unterstützt, dafür bin ich ihnen dankbar. Mein Vater sagte: „Du musst dem nachgehen, was dir wichtig ist. Alles andere ergibt keinen Sinn."

Zusammen mit meiner kleinen Tochter, 2015

Mit meiner Arbeitsgruppe
an der Harvard Medical School
in Boston, 2010

2002, mein indischer
Yogalehrer zu Besuch
in Deutschland

Vortrag mit meinem
Kollegen Ulrich Ott

Beim Meditieren
an der Isar

Mein Freund Markus ›
und ich mit unserer
Tochter — 2014

‹ Hörbuch,
das ich für
Jon Kabat-
Zinn über-
setzt habe

ZUKUNFT

TEXT **ANNE OTTO** FOTO **JULIA ROTTER** (PORTRÄTS), FIRST MOMENT, NATASHA HANSEN, PHILIPP VON RECKLINGHAUSEN

Überraschenderweise war das Interesse an den Ergebnissen meiner Doktorarbeit groß. Ich bekam Presseanfragen, und auch Kollegen luden mich ein, meine Forschung auf Kongressen vorzustellen. Damit hatte ich nicht gerechnet. Aber plötzlich war Meditation ein wichtiges Thema.

Ich habe für meine Arbeit Menschen, die regelmäßig meditieren, und solche, die es nie tun, im Hirnscan verglichen. Unter anderem stellte ich fest, dass während des Meditierens eine Region im Großhirn aktiv ist, die uns aufmerksam sein und Impulse besser kontrollieren lässt. Ich hatte plötzlich wissenschaftliche Daten für etwas, das ich am eigenen Leib erfahren hatte. Ich war früher oft ungeduldig und schnell gelangweilt, fühlte mich durch das Meditieren viel ruhiger und gelassener. Jetzt belegte das Ergebnis meiner Forschung diesen Effekt. Ich war glücklich. Auch darüber, dass sich plötzlich so viele Menschen für Meditation interessierten. Ich begegnete Jon Kabat-Zinn, dem Erfinder des modernen Mindfulness-Trainings, bei einer Weiterbildung. Auf einer Konferenz in den USA traf ich dann die Neurowissenschaftlerin Sara Lazar von der Harvard-Universität, die als Erste Meditation mit Hirnscans untersucht hatte. Wir verstanden uns gut, trotzdem war ich überrascht, als sie mir einige Monate später eine Stelle anbot. Da war einfach klar: Das ist mein Ding.

In Harvard untersuchte ich Probanden, die an Kabat-Zinns Center for Mindfulness einen Kurs in Mindfulness-Based Stress Reduction machten. Ich konnte mit der Forschung zeigen, dass nur acht Wochen Meditation das Gehirn verändern. Wir untersuchten, wie diese Veränderungen im Gehirn mit reduziertem Stress in Zusammenhang standen, mit einem besseren Umgang mit Schmerz und einer Verminderung von Angstsymptomen. Wieder hatte ich interessante Entdeckungen gemacht. Nach diesen Arbeiten hätte ich in den USA bleiben können. Doch obwohl ich mich mit den gleichgesinnten Forschern sehr wohl und stark verbunden fühlte, entschloss ich mich dagegen. Mein Bruder war Vater geworden. Und meinen Eltern ging es gesundheitlich nicht gut. Sie haben sich zwar wieder erholt – aber ich fand es absurd, in Boston zu sitzen, während meine Familie in Deutschland mich brauchte.

Auch die Beziehung zu meinem Partner hat sich in den letzten Jahren vertieft. Zwei Jahre nach meiner Rückkehr aus Amerika haben wir eine Tochter bekommen, sie ist jetzt fast drei. **Ein Kind verändert alles. Ich bin einerseits glücklich wie nie. Andererseits empfinde ich es als Herausforderung, die Bedürfnisse meines Kindes, meines Partners und meine eigenen zu balancieren.** Das betrifft auch das Meditieren. Es ist häufig nicht daran zu denken, sich für eine Sitzung zurückzuziehen. Was ich dann gerade schaffe, ist das, was ich informelle Meditation nenne. Das heißt, ich mache mit dem Kinderwagen Spaziergänge an der Isar, atme, schaue mir die Natur an. Das ist zwar schön, aber mir persönlich fehlt dabei das Sitzen. Es ist beeindruckend, wie stark der Effekt des Meditierens auf mein Leben ist. An Tagen, an denen ich mir Zeit dafür nehme, laufen die Dinge ganz anders: weniger Streit mit dem Partner, meine Tochter ist gelassener, ich fühle mich lebendiger. Aber es ist nicht einfach, so schnell kommen Arbeit oder Familie dazwischen. Ich suche weiter nach Wegen, zum Beispiel abends zu meditieren, wenn meine Tochter schläft.

Manchmal ist es aber auch wichtig, am Außen Veränderungen vorzunehmen. Zwei Jahre habe ich vor allem nachts an meinen Forschungen gearbeitet. Ich merkte irgendwann, dass ich mit diesem Leben, in dem ich versuchte, so viele Dinge unter einen Hut zu bringen, niemandem mehr gerecht wurde. Weder meiner Tochter noch der Arbeit noch mir selbst. Deshalb habe ich mich vor Kurzem entschieden, meine wissenschaftliche Arbeit aufzugeben und mich selbstständig zu machen. Ich will mehr Achtsamkeitskurse geben, Firmen beraten, arbeite momentan an einem Achtsamkeits-Onlinetraining für Menschen, die wenig Zeit haben. Gerade freue ich mich sehr an der praktischen Arbeit. Manchmal erzählen Teilnehmer mir im Kurs begeistert, dass sie entdecken, wie gut es ist, einfach nur irgendwo zu sitzen und zu „sein". Es ist schön, den Moment einer solchen Erkenntnis mitzuerleben. Und ich merke, dass es mich auch selbst immer wieder inspiriert. Dass ich mich bei dieser Arbeit auch selber entwickeln kann, finde ich schön. Es fühlt sich für mich richtig an, immer weiterzulernen. ●

VOM LEBEN IN DER GEMEINSCHAFT

ITHACA

*In dem amerikanischen Ökodorf Ithaca praktizieren die
Menschen eine alternative Form des Zusammenlebens. Sie bauen
ihr Gemüse selbst an, engagieren sich für die Gemeinschaft
und versuchen, in Einklang mit der Natur zu leben*

Ithaca liegt mit dem Auto vier Stunden von New York City entfernt in der wunderschönen Gegend der Finger Lakes. Es ist ein ungewöhnlicher Ort. Mit 90 Häusern und 15 Wohnungen in Energiesparbauweise, zwei Biohöfen, 22 Hektar geschützter Grünflächen und einem solidarischen Zusammenleben ist es eines der ältesten Ökodörfer der USA – und ein Vorzeigemodell.

EINE NEUE FORM DES WOHNENS

Liz Walker, eine große athletische Frau, ist eine der Gründerinnen von Ithaca. Anfang der 1990er-Jahre zog sie ein Jahr lang durch die Vereinigten Staaten, um über die Gefahren der Stromerzeugung durch Kernenergie aufzuklären. Während dieser Zeit wurde ihr bewusst, wie sehr das rasche Wachstum der Städte der Umwelt schadet. Die exzessive Entwicklung des Immobilienmarktes führt außerdem dazu, dass die Mieten steigen, Wohnraum knapp wird und die Menschen den Kontakt zueinander verlieren. Liz verspürte das Bedürfnis, die klassischen Wohnformen zu überdenken und ein alternatives Modell anzuregen.

20 Jahre später hat sie ihr Ziel erreicht. Sie ist jetzt 61 Jahre alt, steckt voller Energie und ist nicht zu bremsen, wenn sie über die Lebensqualität in ihrem Dorf spricht. „Wir verbrauchen hier nur die Hälfte der in Amerika üblicherweise genutzten Ressourcen und leben dennoch wunderbar. Unsere Häuser sind kleiner, damit wir mehr Gemeinschaftsflächen haben. In unseren Gemeinschaftshäusern kann man Gäste empfangen, zusammen essen, Versammlungen abhalten und Wäsche waschen. Es gibt dort ein Spielzimmer, eine Bibliothek und viele Feste, weil uns das zusammenschweißt", erzählt sie. Seit 25 Jahren kämpft sie dafür, das Ökodorf mit Leben zu füllen und weiterzuentwickeln. Sie erlebte finanzielle Schwierigkeiten, arbeitete sich durch die zum Teil schwierige Verwaltung, weil alle Entscheidungen im Konsens getroffen werden, und gab trotz vieler Hindernisse nie auf.

Heute leitet Liz den Verband Learn@EcoVillageIthaca. Sein Ziel ist es, die erfolgreich erprobten Methoden des Ökodorfes bekannt zu machen und zu verbreiten. Monat für Monat spricht sie auf Konferenzen, organisiert Besichtigungen und Workshops und nimmt an Versammlungen rund um das Dorfleben teil. Die Magie des Ortes verzaubert sie immer wieder aufs Neue, und so geht es auch ihrem Ehemann, den sie hier vor 20 Jahren kennengelernt hat. Die Verbundenheit untereinander ist groß in Ithaca, jeden Dienstagnachmittag zum Beispiel geht Liz gemeinsam mit ihrem Nachbarn Karl zu Fuß zur West Haven Farm, dem Biohof des >

1. Frog, der älteste Ortsteil des Ökodorfes, wurde 1996 erbaut
2. Gründerin Liz Walker liebt die Nähe zur Natur
3. Debra Walsh ist Ernährungsberaterin und engagiert sich in der Küchengruppe des Dorfes
4. Es gibt genug Raum für Individualität und Gemeinschaft
5. Schriftstellerin Melissa Tuckey zog von Washington ins Ökodorf
6. Faith Meckley studiert an der nahe gelegenen Cornell University, leben möchte sie aber im Ökodorf

Ökodorfes, um dort ihr Obst und Gemüse für die Woche auszusuchen. Weil sie Mitglied des Biohofes ist, steht ihr wöchentlich ein Korb zu. Sie teilt ihn mit Karl, seit die Kinder ausgezogen sind. Liz genießt es, diesen Pfad entlangzugehen, der sich durchs Unterholz schlängelt und in eine Blumenwiese mündet – egal bei welchem Wetter. „Hier fühle ich mich in jeder Hinsicht genährt. Ich liebe die Schönheit des Ortes, die tiefen Freundschaften, die ich knüpfen konnte, das Gefühl, auf dieser Welt etwas Nützliches zu tun. Das ist es, was mich seit 25 Jahren antreibt:

„ICH LIEBE DIE SCHÖNHEIT DES ORTES, DIE TIEFEN FREUNDSCHAFTEN, DIE ICH KNÜPFEN KONNTE, UND DAS GEFÜHL, ETWAS NÜTZLICHES ZU TUN"

zu zeigen, dass es möglich ist, anders zu leben, ohne unseren Planeten zu belasten", sagt Liz.

UNTERSTÜTZUNG IM ALLTAG

Auch die Journalistikstudentin Faith Meckley hat ein Zimmer im Ökodorf gemietet, obwohl sie sich wie andere Studenten ein Haus in der Stadt hätte teilen oder im Studentenwohnheim unterkommen können. Nachdem sie mehrere Monate lang an einem Klima-Aktionsmarsch von New Mexico nach Pennsylvania teilgenommen hatte, konnte sie sich nicht vorstellen, zu einem Leben auf dem Unicampus zurückzukehren. Faith ist ein Kind vom Land. Sie ist in der Gegend um Ithaca aufgewachsen und interessierte sich früh für Umweltfragen. „Nach dem Klimamarsch hatte ich das Bedürfnis, in einer Gemeinschaft zu bleiben. Deswegen habe ich mich dafür entschieden, im Dorf zu wohnen, auch wenn das einen viel weiteren Weg zur Uni bedeutet", erzählt sie. Sie teilt sich ein kleines Haus mit dem Eigentümer und zwei weiteren Mitbewohnern. Einer von ihnen leiht ihr regelmäßig sein Auto, sodass sie abends vom Campus zurückkommen kann, wenn der Bus nicht mehr fährt. „Zwei Autos brauchen wir nicht, deshalb sprechen wir uns ab. Das ist im Dorf üblich, wir teilen auch die Waschmaschinen oder Lebensmittel. Im Internet wurde ein Portal für Spenden und gegenseitige Unterstützung eingerichtet. Wenn jemand etwas anbieten möchte oder benötigt, braucht er nur eine E-Mail zu schicken, und die Leute antworten umgehend."

Faith lebendige Augen leuchten, wenn sie vom Dorf spricht. „Wenn ich abends nach Hause komme, durchdringt mich ein Gefühl der Fülle. Ich kann meinen Blick in die Milchstraße tauchen, ohne dass es die geringste Lichtverschmutzung gibt." Sie weiß, dass sie hier nur vorübergehend lebt, so lange, bis sie ihr drittes Studienjahr beendet hat und zu neuen Projekten aufbrechen wird. Obwohl sie sich nicht in die Dorfversammlungen einbringt, weil ihr Studium ihr zu wenig Zeit lässt, ahnt sie, welche Geduld das Engagement dort erfordert – aber sie bekommt auch mit, dass es sich lohnt: „Jeder kommt gestärkt aus den Versammlungen, weil er gehört wurde und ein bisschen geben konnte, um etwas zu bekommen", sagt sie. Junge Leute in ihrem Alter gibt es nur wenige im Dorf, aber das stört sie nicht. „Ich liebe es zwar, Leute >

zu überzeugen, die keinerlei Umweltbewusstsein haben, umgebe mich aber auch gern mit Leuten, die bereits in diese Richtung vorangegangen sind. Die meisten hier haben das Dorf mitgegründet. Ich bin neugierig darauf, wie sich die Dinge entwickeln werden, wenn eine neue Generation die Zügel in die Hand nimmt." Am Rand ihres Dorfteils erstreckt sich eine ausgedehnte Prärie. Von hier blickt man über die weiter unten gelegenen Gemeinschaftsgärten und die Stadt Ithaca. In der Ferne erhebt sich die Cornell University, eine der besten des Landes, an der viele der Dorfbewohner arbeiten. Nicht das leiseste Motorengeräusch stört diese Idylle.

KEINE FESTEN REGELN

Melissa Tuckey ist Eigentümerin des letzten Hauses in der Straße, das direkt an die große Wiese grenzt. Dort, wo es keinen Nachbarn gegenüber mehr gibt. In diesem Jahr meinte es die Natur besonders gut. Winden, Glyzinien und Wein umschlingen Melissas Pergola und schmiegen sich mit großen, zarten Blättern an ihre Eingangstür. Der kleine Garten, der ihr Haus umgibt, ist voller bunter Blumen. Auf dem Dach glitzern Solarmodule in der Sonne. Melissa ist um die 50, sie spricht mit sanfter, gesetzter Stimme. Vor fünf Jahren haben sie und ihr Mann beschlossen, hier ein Haus zu kaufen. Nachdem sie lange im Zentrum von Washington D. C. gelebt hatten, verspürten sie das Bedürfnis nach einem ländlichen Leben. Als Dichterin,

EINE ANDERE FORM DES ZUSAMMENLEBENS
Das bekannteste Ökodorf in Deutschland ist Sieben Linden in Sachsen-Anhalt (siebenlinden.de). Seit 1997 wird dort ein nachhaltiger, gemeinschaftlicher Lebensstil geprobt, mit zurzeit 140 Bewohnern. Wer mal reinschnuppern will ins Dorfleben, kann an jedem ersten Sonntag im Monat das Café besuchen. Infos über weitere Ökodörfer auf der ganzen Welt gibt es unter gen.eco.village.org

Schriftstellerin und Universitätsprofessorin kann Melissa oft von zu Hause arbeiten, wie viele andere Einwohner des Dorfes. Vergnügt beschreibt sie die kleinen Wunder des Alltags. „Im Mai finden sich hier Tausende Frösche zur Fortpflanzung ein. Niemand weiß, warum oder wie sie unseren Teich ausgewählt haben, aber sie kommen aus mehreren Kilometern Umland hier zusammen und wiegen uns drei oder vier Tage lang mit ihren ganz besonderen Gesängen in den Schlaf. Es ist märchenhaft, so mit der Natur zu leben", sagt sie und streichelt ihren Hund Trudy, der fröhlich im Garten hin und her läuft. Bei schönem Wetter treffen sich die Nachbarn hier spontan, um sich zu unterhalten. „Es gibt Orte im Dorf, an denen man die Einsamkeit genießen kann, und andere, an denen man in Gesellschaft ist. Feste Regeln haben wir nur sehr wenige, das finde ich gut. Die gemeinschaftliche Arbeit wird angeboten, aber niemals aufgezwungen. Sie macht einen Teil der Freude aus, die dieses Leben mit sich bringt."

Im Ökodorf gibt es zahlreiche Komitees, in denen die Einwohner mitwirken können: Gartenarbeit, Pflege der Grünflächen, Kompostierung, Haushalt, Reparaturen, Einkäufe – alles basiert auf dem freiwilligen Engagement der Dorfbewohner, die dafür etwa zwei bis vier Stunden pro Woche aufbringen. So leitet Melissa eine der Kochgruppen, die wöchentlich ein großes Essen für etwa 50 Gäste aus dem Dorf zubereitet. Wer daran teilnehmen möchte, meldet sich über das Internet an und zahlt ein paar Dollar. Die Helfer treffen sich drei Stunden vor dem Essen und kochen gemeinsam. Gemüse und Obst stammen meistens vom dorfeigenen Bauernhof. „Dort zusammen am Herd zu stehen und diese wundervolle Nahrung zuzubereiten, die von unserem eigenen Land stammt – es gibt keinen besseren Weg, seine Nachbarn kennenzulernen", sagt Melissa. Nach dem Essen räumen andere die Tische ab, machen den Abwasch und stellen das Geschirr wieder zurück an seinen Platz – wie bei einer gut eingespielten Choreographie.

JEDER HAT SEINE STÄRKEN

Gut zu essen ist den Menschen im Ökodorf wichtig. Debra Walsh ist ausgebildete Ernährungsberaterin und hat für verschiedene Schulen und Einrichtungen gearbeitet. Jetzt ist sie in Altersteilzeit, kommt ihren beiden

Leidenschaften aber deshalb nicht mit weniger Energie nach: der Gartenarbeit und dem Kochen. Mit 63 Jahren beschloss Debra, ihr Leben zu ändern. Sie verließ New Hampshire, wo sie ihre drei Kinder allein aufgezogen hatte, schloss sich dem Ökodorf an und mietete sich eine Privatunterkunft in Tree, dem jüngsten Viertel des Dorfes. Bei einer ersten Begegnung mit Dorfgründerin Liz Walker erkannte diese Debras Begabung sofort und schlug ihr vor, das Buffet für einen ihrer Workshops vorzubereiten. Einige Monate nach ihrer Ankunft ist Debra aufgeblüht und voll in die Gemeinschaft integriert. Sie ist zuversichtlich, ihr Haus in New Hampshire verkaufen zu können, um sich endgültig im Ökodorf einzurichten. „Das Leben hier ist teuer, aber ich denke, ich kann mir eine kleine Wohnung im Gemeinschaftshaus von Tree leisten. Das Dorf hat sich sehr für meine Fähigkeiten interessiert. Ich engagiere mich in drei Komitees: Gartenarbeit, Küchengruppe und Aufnahme von neuen Ortsbewohnern."

Am wohlsten fühlt sie sich in der Küche, dort kann Debra ihr Talent ausleben. Eines der Probleme des Dorfes ist die Lagerung der Lebensmittel. Die bewirtschafteten Gärten werfen oftmals zu viel Ernte ab, und es kann nicht alles verbraucht oder im Gemüsekeller aufbewahrt werden. „Ich habe den anderen gezeigt, wie man den Nahrungsmitteln das Wasser entziehen kann. So sind wir auch bei schlechtem Wetter unabhängig. Wir sparen Geld und vermeiden, dass Lebensmittel verderben und weggeworfen werden müssen", erzählt sie begeistert. Debra hat den Bewohnern von Tree auch einige Anbautechniken beigebracht, die den Boden nicht auslaugen. Sie kann sich inzwischen gar nicht mehr vorstellen, woanders alt zu werden als im Ökodorf, und hofft, hier vielleicht einen Lebensgefährten kennenzulernen. „Vor ein paar Wochen habe ich mir den Knöchel verletzt. Fünf Leute haben mir sofort Hilfe angeboten. Eine ältere Dame ist sogar gekommen, um mir mein Essen zuzubereiten, solange ich nicht aufstehen konnte", sagt sie gerührt. Von draußen hört man Kinderstimmen. Debra dreht den Kopf und lauscht. Sie muss los. Es ist Sonntagnachmittag, und Liz Walker wartet auf sie, um ihr zu zeigen, wie man den Solarofen bedient. „Wir bringen den Kindern der Waldorfschule bei, wie man Kekse mit Sonnenenergie backt", sagt sie im Aufstehen und freut sich darauf, ihr Wissen weiterzugeben. ●

TEXT UND FOTO **MICHÈLE FOIN**

JEDE VERGESSENE IDEE IST WIE EIN VERLORENER SCHATZ

Du hast eine FLOW-Ausgabe verpasst?

Kein Problem, bestelle sie einfach zum Originalpreis von 6,95 €

versandkostenfrei nach.

Mein Leben ist im **flow**

REISE INS UNGEWISSE

KOLUMNE

Meine Freundin und ich haben im vergangenen Jahr ein persönliches Projekt gestartet. Wir stellen uns mindestens einmal im Monat gegenseitig vor eine Herausforderung. Entweder muss man diese allein meistern, oder wir machen das zusammen. Meine Freundin hat nämlich vor ein paar Monaten in der Zeitung gelesen, dass man ab Ende 30 immer mehr dazu neigt, sich den Leuten, Interessen und Hobbys zu widmen, die am ehesten das eigene Leben abbilden. Man begibt sich quasi freiwillig in eine Art Gesinnungsblase, in der alles schön vertraut und beschaulich ist.

Geht gar nicht, fanden wir beide – und fühlten uns gleichzeitig auch ertappt, weil unser beider Leben im Großen und Ganzen ebenfalls ziemlich vertraut und beschaulich vor sich hin plätschern. **Also haben wir beschlossen, ab jetzt öfter unsere Komfortzone zu verlassen und Menschen und Orte kennenzulernen, von denen wir nicht wissen, was uns erwartet.**

Es gibt keine großen Regeln für diese Aktionen – außer dass keine von uns beiden vorher weiß, was die andere geplant hat. Manchmal machen wir in Kultur, manchmal geht es um eine psychologische Hürde. So saß ich, die musikalisch alles von Elektro über Jazz bis Indie hört, aber niemals, wirklich niemals Klassik, mit meiner Freundin zum Beispiel neulich in einem

Klavierkonzert einer aufstrebenden jungen Pianistin und hörte zum ersten Mal in meinem Leben Stücke von Franz Liszt. Im Gegenzug schleppte ich sie zu einem Abend, an dem italienische Dark-Metal-Bands spielten, die sich von Dario Argentos Horrorfilmen zu ihrer Musik inspirieren ließen. Und wir versuchten uns auf einer Gaming-Convention an einem Live-Videospiel, obwohl keine von uns bisher auch nur ansatzweise etwas mit Computerspielen anfangen konnte. Ich werde meine Freundin, die am liebsten Arthouse-Filme schaut, demnächst dazu bringen, so richtig schön oberflächliches Blockbuster-Kino mit mir zu schauen, und – da geht's dann schon eher ans Eingemachte – ich soll mich einer Person stellen, die ich äußerst unsympathisch finde und mit der ich freiwillig nicht rede. Vorurteile abbauen geht doch am besten auf die konfrontative Art, oder?

Unser Resümee so weit: Bis jetzt fanden wir nichts richtig doof, einiges total gut und manches irgendwie egal. Es ist uns auch nicht wichtig, ob die Sachen direkt etwas in uns auslösen. Hauptsache, sie bringen uns dazu, aus unserer eigenen kleinen Welt herauszutreten und uns immer mal wieder auf etwas völlig Neues einzulassen. Denn auf diese Art und Weise geht es uns hoffentlich nie so, dass wir unseren eigenen Blick auf die Welt für den einzig wahren halten – und allein das ist ja eigentlich schon unbezahlbar. ●

Merle Wuttke (41) hört jetzt ab und zu tatsächlich klassische Musik, ganz für sich allein und aus Freude

Clare liebt geometrische Formen und verwendet gern
so viel Farbe wie möglich, wenn sie neue Designs gestaltet.
Sie druckt sie auf Recycling- und umweltzertifiziertes
Strukturpapier. Auf clarenicolson.com kannst du auch den
Mountain Print bestellen (ab ca. 12 Euro).

Auf der Suche nach einem neuen Hobby stolperte Sena Runa
im Internet eher zufällig über Quilling, eine Technik, bei der
man Papierstreifen zu fantasievollen Kunstwerken rollt. Die ersten
Bastelversuche vor fünf Jahren gingen kläglich schief, doch
irgendwann klappte es mit dem Quilling. So gut, dass Sena ihren
Job als Personalmanagerin an den Nagel hing, um sieben
Tage die Woche Künstlerin sein zu können. Ihre Schätze verkauft
die Türkin auf der ganzen Welt. senaruna.com

LIVE MINDFULLY

Leben im Hier und Jetzt

GUTE-LAUNE-WOLKE

Manchmal fragen wir uns, wo all die grauen Wolken herkommen, die unsere Gedanken trüben. Vielleicht hilft es dann, dieses glänzende „Wolkentäschchen" zu zücken, um sie ein bisschen beiseitezuschieben. Von Lille Mus, über selekkt.com, 24,90 Euro

WAS BEWEGT DICH?

Psychologen gehen davon aus, dass sich jeder Mensch in das Modell der „Big Five" einordnen lässt. Es geht von fünf Persönlichkeitszügen aus, deren Ausprägung individuell verschieden ist und bestimmt, wie wir fühlen und handeln. Der deutsche Psychologe Lars Satow hat darauf basierend den Onlinetest „B5T" entwickelt, mit dem du dich und deine Bedürfnisse besser kennenlernen kannst. Die Teilnahme ist kostenlos und anonym. psychomeda.de

Zusammen ist's leichter

Zu müde, im Stress, mit den Gedanken woanders … manchmal vertagen wir das Meditieren von einer Woche auf die nächste, obwohl es uns doch so guttut. „Wem es schwerfällt, regelmäßig zu meditieren, kann es helfen, sich einer Gruppe anzuschließen", sagt Günter Hudasch vom Verband der Achtsamkeitslehrer. Kurse in deiner Nähe unter mbsr-verband.de

Adieu, Pappbecher

90 Coffee-to-go-Becher werden in Deutschland im Schnitt befüllt – pro Sekunde. Das ist nicht nur viel Müll, die Einwegbecher herzustellen kostet auch viele Ressourcen. Zum Glück gibt es in einigen Städten schon Pfandbecher-Initiativen. Etwa in Hamburg (refillit-elrojito.de), Berlin (justswapit.de), Freiburg (Freiburg-Cup) oder Tübingen (tü-go.de). Alternativ kann man in vielen Cafés auch seinen eigenen Becher mitbringen.

GUTER SCHLUCK

Trinkend die Welt verändern – mit diesem Ziel startete der Hamburger Verein Lemonaid & Charitea vor sieben Jahren. Seitdem hat das junge Team fair produzierte Limonade und Bioeistee unter die Leute gebracht, mit deren Verkauf soziale Projekte in den Anbauregionen unterstützt werden. Ganz neu im Sortiment sind 18 Bioteesorten, die optisch und vom Geschmack her überzeugen. charitea.com

DAS WIE ENTSCHEIDET

Was die kleinen Dinge im Leben zählen, hat Frank Berzbach in seinem Buch *Formbewusstsein* (Verlag Hermann Schmidt) beleuchtet.

Sie sagen, wir sollten dem Alltäglichen mehr Beachtung schenken. Warum? Der Alltag prägt uns, und wir übersehen, wie stark er Einfluss auf unser Leben nimmt. Er ist keineswegs banal, auch wenn das Wort „alltäglich" es oft meint.

Inwiefern? Kleidung, Wetter, Geld, unser Verhältnis zu den Dingen, unsere Beziehungen, die Medien, all das macht unser Leben aus. Wir werden morgens alle gleich wach – aber dann ziehen wir uns an, bewegen uns in dieser Kleidung, gefallen uns oder fühlen uns unsicher. Wir entscheiden uns für bestimmtes Essen, es ist die Basis für unsere Gesundheit. Egal in welchem Bereich: Mit jeder Alltagsentscheidung nehme ich Einfluss auf mich und die Welt. Das ist eine große Chance.

Sie plädieren auch dafür, sich zu beschränken ... Das ist wichtig, um genießen zu können. Sonst finden wir keinen Halt. Ordnung und Form verbessern fast immer die Qualität. Man arbeitet in einem aufgeräumten Büro besser, man findet, was man sucht. Äußere Ordnung nimmt Einfluss auf die innere – und umgekehrt.

TEXT SARAH ERDMANN, LENA NEHER FOTO GETTY IMAGES, PLAINPICTURES, SEBASTIAN SCHMID, STOCKSY

WALD VON OBEN

Es tut ja oft gut, einfach mal die Perspektive zu wechseln. Zum Beispiel mit einem Spaziergang auf einem Baumkronenweg. Drei Empfehlungen:

* Im brandenburgischen Beelitz läuft man hoch über den Ruinen ehemaliger Lungenheilstätten entlang und erfährt mehr über deren Geschichte. baumundzeit.de

* Mehr als 30 Erlebnisstationen gibt's auf dem Baumwipfelpfad im österreichischen Kopfing. Im Baumhotel kann man auch über Nacht bleiben. baumkronenweg.at

* Am Edersee in Hessen gibt es geführte Touren am frühen Morgen oder späten Abend, wenn die Tiere besonders aktiv sind. baumkronenweg.de

IN FARBE TAUCHEN

Beim Puzzeln lässt sich leicht alles um einen herum vergessen. Das „Gradient Puzzle" eignet sich zudem für eine intensive Farbmeditation. Die 500 Teile ergeben einen wunderschönen Verlauf, wenn man fertig ist – auf jedem einzelnen verschwimmen bereits die Nuancen der jeweiligen Farbfamilie. Umso kniffliger natürlich, das Ganze zusammenzusetzen. Von Areaware, über charlesandmarie.de, 28 Euro

ZWEIFEL SIND UNBEQUEM, ABER GEWISSHEIT IST ABSURD

Voltaire

„ES IST AN DER ZEIT, DASS WIR UNS EINE TÄTIGKEIT SUCHEN, DIE ZU UNS PASST UND FÜR UNS SINNVOLL IST", SAGT CATHARINA BRUNS, EXPERTIN FÜR NEUE FORMEN DER ARBEIT. BRUNS WEISS, WOVON SIE REDET: SIE IST AUCH GRÜNDERIN VON SUPERCRAFT, EINEM UNTERNEHMEN, DAS HANDARBEITSKITS ENTWICKELT

Frau Bruns, Sie betonen, dass wir heute bessere Chancen haben als früher, Arbeit selbst zu gestalten: Woher kommt das?
Dass wir mittlerweile im Berufsleben mehr Möglichkeiten haben, hat viel mit der Digitalisierung zu tun. Dank des technischen Fortschritts ist die Arbeitswelt offener geworden. Heute könnte theoretisch jeder von zu Hause aus, auch abseits der Großstädte, ein kleines Unternehmen starten, das wenig Startkapital braucht und sich finanziell trägt. Noch vor 15 Jahren war das für viele undenkbar. Es spielt aber noch etwas eine Rolle: Die Gesellschaft insgesamt hat sich in kurzer Zeit – über ein bis zwei Generationen – liberalisiert. Meine Eltern zum Beispiel konnten sich noch nicht aussuchen, was sie beruflich machen, mussten im elterlichen Betrieb mitarbeiten. Solche Einschränkungen gibt es heute nur noch selten. Die jetzt 40-Jährigen konnten ihre Berufe meistens selbst wählen. Und Jüngere können das sowieso.

Das klingt optimistisch. Viele Menschen erleben ihren Job aber als eng und belastend ...
Wir leben gerade in einer Zeit des Umbruchs, in der wir Arbeit ambivalent wahrnehmen und definieren. Einerseits gibt es nach wie vor die traditionelle Sicht auf Arbeit, die beinhaltet, dass wir uns anstrengen müssen und es vor allem darum geht, immer mehr zu leisten und aufzusteigen. Danach ist Arbeit ein Mittel, um Geld zu verdienen oder eine gute Position zu ergattern. Viele, die Arbeit so gestalten, fühlen sich belastet, sind aber auch der Ansicht, dass es keine Alternative zu diesem Modell gibt. Auf der anderen Seite hinterfragen immer mehr Menschen die klassischen Strukturen, wollen eine neue, andere Arbeitskultur. Sie suchen für sich nach sinnvollen Tätigkeiten, wollen im Beruf mitbestimmen und gestalten, sehen Arbeitszeit als Lebenszeit. Beide Sichtweisen sind heute stark vertreten. Viele suchen sich sogar Ideen von beiden Modellen zusammen. Oder schwanken zwischen ihnen – wünschen sich einerseits mehr Freiheit, glauben aber andererseits nicht so wirklich daran.

Woher kommt es, dass wir so hin- und hergerissen sind?
Viele von uns ahnen wohl, dass die Freiheit, sich seine Arbeit selbst zu gestalten, zugenommen hat und auch immer weiter zunimmt. Ein Begriff wie „New Work" – also die Vision von mehr Freiheit und Selbstbestimmtheit bei der Arbeit – ist heute in aller Munde. Aber wir trauen den neuen Thesen nicht, und das ist möglicherweise ein psychologisches Problem: Eben weil die Möglichkeitsräume noch nicht lange da sind, scheint es ungewohnt, vielleicht sogar unerhört zu sein, sich die neuen Strukturen genauer anzuschauen, sie für sich zu nutzen. Wir sind ja alle in Traditionen verwurzelt, schauen immer auch darauf, was unsere Eltern und Großeltern über Arbeit erzählt und wie sie gelebt haben. Natürlich wollen wir uns weiterentwickeln – dennoch suchen wir auch Orientierung an dem, was wir kennen.

Sie haben das Schlagwort „New Work" erwähnt – was bedeutet der Begriff genau?
Die Idee von New Work wurde in den 80er-Jahren von dem Philosophen Frithjof Bergmann geprägt. Es geht dabei nicht um eine neue Art der Arbeitsorganisation, sondern um ein inhaltliches Umdenken. Bergmann geht davon aus, dass wir alle uns tatsächlich fragen dürfen, wie wir arbeiten wollen und was wir sinnvoll finden. Es ist also immer erlaubt, nach Gestaltungsspielräumen zu suchen. Fragen, die dabei helfen, sind: Was mache ich? Was hat meine Arbeit mit mir zu tun? Wie will ich arbeiten? Was sind meine Werte? Wer sich solche Fragen stellt und >

danach handelt, sieht Arbeit als eine Möglichkeit, die Welt und das eigene Leben zu gestalten. Was man tut, definiert dann auch, wie man lebt. Diese Selbstbestimmtheit führt letztlich auch zu besseren Arbeitsergebnissen.

Dieses freie, kreative Arbeiten passt für Unternehmer. Aber ist es für Angestellte realistisch?
Die Sichtweise, dass man die eigene Arbeit immer mitgestalten kann, ist meiner Meinung nach für alle hilfreich, egal ob selbstständig oder angestellt: Fördere, was dir wichtig ist. Mache dich stark für deine Werte. Zeige, was du gut kannst, und setze es um. Immer wenn man das tut, entwickelt sich auch etwas in eine andere, oftmals gute Richtung. In einem meiner Bücher habe ich es mit folgendem Satz zusammengefasst: „Tu etwas Interessantes, und interessante Dinge passieren."

Angenommen, jemand fühlt sich in seinem Job unwohl. Wie kann er dort seinen Werten entsprechend agieren?
Es geht dann meiner Meinung nach darum, trotz Frust und unguten Gefühlen selbst Verantwortung zu übernehmen. Man sieht, dass etwas nicht stimmig läuft – dann macht man sich zuständig und versucht, es besser zu machen. Auch wenn es keinem auffällt, auch wenn einen niemand lobt. Es ist wichtig, dass wir begreifen, dass wir etwas für uns selbst tun, wenn wir in unserem Sinne „gut arbeiten". Wir sind dann stolz auf unser Tun. Man kann sich auch in einer schwierigen Situation Oasen

schaffen, wenn man sagt: „Meinen Werten würde es entsprechen, wenn wir hier etwas ändern, und genau das tue ich jetzt." Die Veränderung selbst in die Hand zu nehmen und in machbaren Schritten vorgehen – das ist es, was uns froh macht.

Warum ist Ihnen das selbstständige Gestalten beim Arbeiten so immens wichtig?
Wer bei der Arbeit Dinge ändert, wer selbst gestaltet, der empfindet sich als selbstwirksam. Und dieser psychologische Begriff beinhaltet auch, dass man sich gut fühlt, eben weil man Einfluss nimmt und Situationen mitsteuert. Das Gegenteil waren zum Beispiel alte Fließbandarbeitsplätze, an denen Menschen oft krank wurden. Und zwar nicht ausschließlich aufgrund der Arbeitslast, sondern weil sie das Tempo und die Art der Arbeit gar nicht mitbestimmen konnten. Über diese Zustände sind wir an den meisten Arbeitsplätzen hinaus. Deshalb möchte ich allen Arbeitnehmern empfehlen: Werdet aktiv. Viele Menschen in einem sicheren Arbeitsverhältnis sind besorgt und ängstlich. Ich glaube, dass diese Ängste entstehen, weil viele das Gefühl haben, dass sie selber es gar nicht in der Hand haben, womit sie sich beschäftigen und was sie tun. Dabei gibt es Gestaltungsspielraum, man muss ihn nur sehen und nutzen.

Würden Sie sagen, wer gestaltet, besiegt seine Angst?
Etwas selbstbestimmt zu tun, mit den Händen, mit dem Kopf, mindert jedenfalls Sorgen und Furcht sofort. Trotz-

dem glaube ich, dass Menschen, die Arbeit mitgestalten, die Führung übernehmen, die sich selbstständig machen, auch immer wieder neue Ängste erleben. Sie stecken ja häufiger mal in unbekannten Situationen, müssen sich entwickeln, erleben Hürden. Das macht automatisch Angst, das lässt sich nicht wegdiskutieren. Wenn wir die Zitterpartie aber überstanden haben, dann gibt genau das Selbstvertrauen. Und das brauchen wir, um weiter selbstbestimmt zu agieren. Ich glaube, es ist hilfreich, zu akzeptieren, dass man als Mensch nie angstfrei sein kann. Voltaire hat einmal sinngemäß gesagt: „Zweifel sind unbequem, aber Gewissheit ist absurd." Ich finde, das stimmt.

Dennoch: Wer nach sinnvoller Arbeit sucht, rückt andere legitime Werte wie „Sicherheit" und „Geld" in den Hintergrund. Oder kann man alles haben?
Ich würde nicht bewerten, was für andere sinnvolle Arbeit ist und was nicht. Aber man kann damit viel Geld verdienen, dafür gibt es Beispiele. Was aber richtig ist: Geld und Karriere sind dann meist nicht der Hauptantrieb oder das Hauptargument. Dennoch möchte ich Menschen widersprechen, die sagen: „Von Selbstverwirklichung kann ich mir nichts kaufen." Denn sie bedenken anscheinend nicht, dass sie ja in gewisser Weise ebenfalls etwas von sich selbst verwirklichen, wenn sie sich eine Stelle suchen, die „nur" viel Geld bringt. Und wenn sie sogar in einem frustrierenden oder sehr belastenden Job bleiben und dort

TU ETWAS Interessantes, UND INTERESSANTE DINGE passieren

leiden, statt aktiv zu werden, dann sind sie sogar daran beteiligt, eine Arbeitskultur zu festigen, die sie sich selbst vielleicht gar nicht wünschen. Man kann sich also nicht nicht verwirklichen. Daher finde ich es auch wichtig, bewusst zu arbeiten.

Viele empfinden DIY als Teil ihrer Selbstverwirklichung. Sehen Sie heute mehr Chancen, sich in dem Bereich eine eigene Existenz aufzubauen?

Das würde ich gern euphorisch mit „Ja" beantworten, aber es ist nicht immer ratsam, aus seinem Hobby gleich einen Beruf zu machen. Ein Hobby ist ja deshalb so schön, weil man etwas für sich verwirklicht, was wirtschaftlich nicht tragfähig sein muss. Damit aus Häkeln, Stricken, Malen oder Backen ein Geschäftsmodell wird, muss das, was man herstellt, auch für andere relevant, also besonders schön oder nützlich sein. Dann kann es gehen. Der Volkswirt Günter Faltin, einer der wichtigsten Experten weltweit im Bereich Entrepreneurship, betont beispielsweise immer wieder, dass eine Geschäftsidee erst dann tragfähig wird, wenn sie auch für andere oder gar für die Gesellschaft ein Problem löst. In unserem eigenen Unternehmen, Supercraft, verkaufen wir zum Beispiel nicht einfach Sachen, die wir

selbst gemacht haben, obwohl wir sehr gern handarbeiten. Wir haben eher überlegt, wie wir es Menschen, die auch gern kreativ sind, besonders leicht machen können, tolle Projekte umzusetzen. Etwa indem wir ihnen die teils aufwendige Material- und Anleitungssuche abnehmen. Die DIY-Kits kommen also den Bedürfnissen anderer entgegen. Diese Sicht braucht es, wenn jemand unternehmerisch tätig werden will.

Wieso liest man dann ständig „Nimm das, was du liebst, und mache ein Geschäft daraus"?

Es gibt meiner Meinung nach ein grundlegendes Missverständnis rund um den viel zitierten Satz „Tu, was du liebst". Für viele Leute impliziert er, dass man Erfolg hat, sobald man sich mit Dingen beschäftigt, die man liebt. Das halte ich für Quatsch. Niemand kann ausschließlich das tun, was er liebt. Schlüssig wird der Satz, wenn man ihn umdreht in „Liebe das, was du tust". Denn das hat man selbst in der Hand. Ich denke, diese Haltung hilft uns, selbstständig zu denken und zu agieren. Wenn du liebst, was du gerade tust, wenn du mit Freude und Sorgfalt arbeitest, sogar wenn es eine Aufgabe ist, die du gerade nicht umwerfend spannend findest, dann ergibt das Arbeiten einfach mehr Sinn.

Wie reagieren eigentlich andere auf Ihre Ideen und Thesen?

So unterschiedlich, wie im Moment der Zeitgeist zum Thema „Arbeit" ist. Ich bekomme euphorische Mails. Leser schreiben mir, dass sie durch meine Bücher endlich einen Weg ins selbstbestimmtere Arbeiten gefunden haben. Auf Podien stelle ich mich aber auch der ebenso häufigen Kritik. Viele verbinden ja mit „freierem" Arbeiten auch Negatives. Sie schlussfolgern, dass ich Errungenschaften wie feste Arbeitsplätze oder Sicherheiten, die Unternehmen geben, demontieren will. Doch darum geht es nicht. Ich finde, wir sollten da ansetzen, wo wir sind, die Standards halten – und trotzdem eine neue Art des Arbeitens suchen und finden. ●

MEHR LESEN?
....
Catharina Bruns: *Work Is Not a Job. Was Arbeit ist, entscheidest du!* (Campus); Catharina Bruns, Sophie Pester: *Frei sein statt frei haben. Mit den eigenen Ideen in die kreative berufliche Selbstständigkeit* (Campus); die Produkte der beiden Unternehmerinnen findest du unter supercraft.com

TEXT **ANNE OTTO** ILLUSTRATION **EVA WÜNSCH**

FRÜHLINGS-POSTER

WIE HERRLICH! SO LANGSAM ERWACHT DIE NATUR AUS DEM
WINTERSCHLAF, ES BEGINNT WIEDER ALLES ZU SPRIESSEN UND ZU
GEDEIHEN. ZUSAMMEN MIT DER BRITISCHEN ILLUSTRATORIN
BRIE HARRISON HABEN WIR EIN POSTER MIT EINIGEN FAKTEN ZU DEN
ERSTEN FRÜHLINGSBOTEN FÜR DICH ZUSAMMENGESTELLT

ÜBER BRIE HARRISON

Die Illustratorin lebt in London und liebt
die Natur – was sich in ihrer Arbeit wider-
spiegelt: Sie zeichnet viele Pflanzen und
Blumen, die sie in ihrer Umgebung oder
auf ihren Reisen findet. Brie hat Textil-
design studiert, entwirft gern Muster für
Stoffe. So hat sie den Bezug für ein Sofa
von Swoon Editions und eine Linie für
das englische Einrichtungshaus Winter's
Moon entworfen. Sie verschönert mit
ihren farbenfrohen Arbeiten aber auch
Papier und andere Produkte. Werkelt sie
nicht gerade in ihrem Studio in Hackney,
ist sie am liebsten an den Stränden, in
den Wäldern und Gärten ihrer Heimat
Suffolk unterwegs. brieharrison.com

TEXT **JOCELYN DE KWANT** FOTO KA... ...SZER ILLUSTRATION **BRIE HARRISON**

Frühling Neben der älteren Bezeichnung „Lenz" kommt laut einem etymologischen Wörterbuch mit dem Spätmittelhochdeutschen im 15. Jahrhundert der Begriff „Vrüelinc" auf und hat sich seitdem im Sprachgebrauch durchgesetzt. Allerdings ist in der Alltagssprache „Frühjahr" häufiger, besonders für die erste Zeit nach dem Winter, während „Frühling" mehr die gefühlsmäßige Seite der Jahreszeit betont und auch bildlich gebraucht wird.

LEONARDO da VINCI

REMBRANDT van RIJN

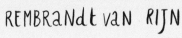

MARIE ANtoinette

JANE AUSTEN

NaPOLEON

WILLEM VaN oranje

ALETTA JACOBS

ALBERT EINSTEIN

WINSTON CHURCHILL

ANNE Frank

Der Reiz der
GESCHICHTE

In die Vergangenheit einzutauchen, sich mit der eigenen Familienchronik oder historischen Themen zu befassen wird immer beliebter. Angelika Dietrich hat untersucht, woher dieses Interesse kommt und was wir dadurch gewinnen

Als Kind erzählte ich meinen Freundinnen gern vom Beruf meines Opas: Er war Kammerdiener bei Kronprinz Rupprecht, dem ältesten Sohn von Ludwig III., dem letzten König von Bayern. Er ging mit ihm zusammen auf Reisen, und im Winter wohnten sie auf Schloss Nymphenburg in München. Die Fäden der Geschichte, sie reichten bis zu uns nach Hause. Nebensächlich, dass der Kronprinz schon 15 Jahre tot war, als ich geboren wurde, und mein Opa nach dem Kronprinzen andere Arbeitgeber hatte. Dem Hause Wittelsbach war er weiterhin verbunden und half aus, wenn große Empfänge anstanden. Ich fragte meinen Opa, wie er zu dem Job gekommen war, wollte die Geschichte, die ich stets ein bisschen märchenhaft empfand, immer notieren und für die Familie bewahren. Daraus ist nie etwas geworden. Aber vor Kurzem hat meine Mutter

....

Leonardo da Vinci (1452–1519), italienischer Baumeister, Bildhauer, Erfinder, Philosoph und Maler ✳ Marie Antoinette (1755–1793), Erzherzogin von Österreich, später Ehefrau des französischen Königs Ludwig XVI. ✳ Rembrandt van Rijn (1606–1669), niederländischer Maler ✳ Wilhelm von Oranien (1533–1584), Führer im niederländischen Unabhängigkeitskrieg gegen Spanien ✳ Napoleon Bonaparte (1769–1821), französischer Kaiser ✳ Jane Austen (1775–1817), englische Schriftstellerin ✳ Aletta Jacobs (1854–1929), erste Frau der Niederlande, die als Ärztin approbiert wurde ✳ Albert Einstein (1879–1955), deutscher Physiker und Erfinder ✳ Winston Churchill (1874–1965), britischer Premierminister ✳ Anne Frank (1929–1945), schrieb während des Zweiten Weltkrieges ihr berühmtes Tagebuch ✳ auf der nächsten Seite: Marlene Dietrich (1901–1992), deutsche Schauspielerin und Sängerin, die sich weigerte, das nationalsozialistische Regime zu unterstützen und die US-amerikanische Staatsbürgerschaft annahm ✳ Nelson Mandela (1918–2013), südafrikanischer Antiapartheidkämpfer und Politiker

die Erinnerungen an ihre Kindheit und unsere Vorfahren aufgeschrieben. Für ihre vier Töchter und 13 Enkel. Wir sollten unsere Wurzeln kennen.

Dieses Bedürfnis haben offensichtlich immer mehr Menschen. Die Zentralstelle für Personen- und Familiengeschichte in Frankfurt am Main zählt seit sechs Jahren immer mehr Anfragen, sagt Geschäftsführer Andreas Bellersen. Die Leute wollen wissen, woher ihre Vorfahren stammen, ob sie einer Zunft angehörten oder welche handwerklichen Talente es in ihrer Familie gab, weil die eigenen Kinder besonders geschickt sind. In manchen Ahnengalerien gibt es auch bekannte Chirurgen oder Pastoren – dann wollen die Nachkommen wissen, ob alte Biografien über sie existieren. Manchmal verweben sich Familiengeschichte und Weltgeschichte, wenn zum Beispiel die Frage ist, welche Rolle die Vorfahren in den Weltkriegen gespielt haben, ob Großväter etwa Mitglied der NSDAP waren. Gerade jetzt, sagt Bellersen, da es in Deutschland wieder einen Rechtsruck gibt, bewegt viele die Frage: „Wie war es damals, gehörten meine Vorfahren dazu?"

HALT IN SCHWIERIGEN ZEITEN

Es sind mehr Frauen als Männer, die sich an das Institut wenden. „Vor allem Frauen wollen ein Gefühl für die Familiengeschichte bekommen", sagt Bellersen, „sie wollen wissen, was die Leute damals bewegt hat, wie sie gelebt haben." Es ist die Neugierde, die uns eintauchen lässt in die eigene Geschichte und dann, im besten Fall, weiter vordringen lässt zur Weltgeschichte. Heute ist das so einfach wie selten zuvor: Wir können in Romane versinken, die historische Fakten mit Fiktion verweben (siehe Kasten auf Seite 133), in Magazinen >

stöbern wie *Geo Epoche* oder auf Onlineseiten wie damals.de. Wir können uns im Fernsehen Geschichtsstreifen anschauen wie *Unsere Mütter, unsere Väter* oder *Ku'damm 56*. „Die mediale Präsenz trägt zur Popularisierung der historischen Themen bei und unterstützt die Auseinandersetzung mit der Geschichte", sagt Sylvia Necker, Kuratorin und Historikerin am Institut für Zeitgeschichte München-Berlin. Selten war Geschichte auch so lebendig wie heute: Wir können nach Oberschwaben fahren und zusehen, wie dort ohne moderne Hilfsmittel der Campus Galli entsteht, der Nachbau einer mittelalterlichen Klosteranlage. Die Handwerker arbeiten mit Äxten, Sicheln und Sägen aus der Karolingerzeit und tragen Leinen- und Wollkleider. Auch gibt es zahlreiche Reenactment-Events, bei denen historische Ereignisse nachgespielt werden, zum Beispiel aus dem Mittelalter.

Manche Forscher sagen, dass sich so viele Menschen für Geschichte interessieren, weil sie ihnen Halt gibt – gerade in Zeiten wie diesen, in denen sich viele orientierungslos fühlen. Der Philosoph Alain de Botton zum Beispiel schreibt in seinem *Book of Life* in dem Kapitel *What Is History For:* „Geschichte ist wichtig, weil sie uns Lösungen für aktuelle Probleme bietet." Sei es im

Großen, in der Weltpolitik, oder im Kleinen, im Familienalltag. Das findet auch Andreas Bellersen von der Zentralstelle für Personen- und Familiengeschichte: Das Eintauchen in die Familiengeschichte könne helfen, Probleme besser zu verstehen. Denn immer schon gab es Finanzkrisen, Hungersnöte und Arbeitslosigkeit. Als er selbst arbeitslos war, forschte er nach, wie einst seine Urgroßmutter die Familie durchgebracht hat. „Es gibt ein Stück Rückhalt, zu wissen, dass sie es damals auch gepackt hat. Das macht Mut, da werde ich jetzt nicht den Kopf in den Sand stecken."

EIN FAIBLE FÜR EMPIRE-KLEIDER

Für andere ist die Beschäftigung mit Geschichte eine Quelle der Inspiration, zum Beispiel für Mariell Felicitas. Als sie mit 14 auf einem Mittelalterfest Jungfernkränze aus samtigem Polyester entdeckte, mit Borten umwickelt, erwachte ihr Forschergeist. Denn natürlich gab es im Mittelalter noch kein Polyester. Statt Jungfernkränzen trugen die Frauen Metallreife, die man über Leinenschleier legte – sogenannte Schapel. Mariell fing an, sich für altes Handwerk zu begeistern, für Stoffe und historische Kostüme. Für ihre Abschlussarbeit am Gymnasium nähte sie Kostüme nach, die Menschen auf Gemälden tragen. Ihre Leidenschaft will Mariell nun sogar zu ihrem Beruf machen. Sie studiert in München Kunstgeschichte. Sie liebt es, in der Bibliothek historische Modemagazine zu lesen, und wenn sie mit der Hand ein Kleid nach einem Schnitt aus dem 18. Jahrhundert näht, ist das für sie fast schon meditativ. Vielleicht einmal im Monat verabredet sie sich mit Freundinnen zum Frühstücken in Empire-Kleidern, fährt ein-, zweimal im Jahr in einer ihrer Roben zu einem Reenactment-Event. Ihre Kostüme haben Mariell auch zu einem Kunstprojekt inspiriert: In *Bad Bitches!* tragen Models die Kleider und werden in einer historischen Szenerie fotografiert. „Das macht mich einfach sehr, sehr glücklich."

Es muss nicht immer das große Ganze sein. Auch ein Detail, etwa ein altes Kleidungsstück, eine Urkunde oder ein Schwarz-Weiß-Foto, kann unseren Blick für die Historie schärfen. Ich habe es als Kind geliebt,

NELSON MANDELA

MARLENE DIETRICH

in den Alben meiner Großeltern zu blättern und mir „von früher" erzählen zu lassen. Oft ist es diese Nostalgie, die uns den ersten Schritt in die Vergangenheit gehen lässt. Die Historikerin Sylvia Necker findet, der zweite sollte dann sein, die Geschichte zu analysieren. Denn erst wer die Geschichte versteht, kann die Gegenwart entschlüsseln. Das sagte schon Altkanzler Helmut Schmidt: „Ohne Kenntnis unserer Geschichte bleibt die Gegenwart unbegreifbar."

JOUR FIXE MIT ZEITZEUGEN
Für manche Menschen gehört die Beschäftigung mit Geschichte auch einfach zu ihrem Leben: Etwa für die Hamburger Journalistin und Autorin Carmen Korn. Ihr Mann ist Historiker, ihr Sohn studiert Geschichte, in der Wohnung biegen sich die Regale unter historischen Werken über die Weimarer Republik, das „Dritte Reich" und die 50er-Jahre. „Wer sich mit Geschichte befasst, entwickelt ein verständnisvolleres und humaneres Denken", sagt Carmen Korn. Nicht nur für die Weltgeschichte hat sie ein Faible, sondern auch für Lebensgeschichten. Schon als Kind sog sie diese auf und lauschte, wenn die Großmutter erzählte, wie der Großvater auf einem Tisch in der Kneipe kommunistische Reden schwang und gerade noch vor den herannahenden Nazis gerettet werden konnte. Sie hörte dem Vater zu, der nach der Kriegsgefangenschaft aus Russland heimkam und erzählte, wie er in Erfurt von einer fremden Frau ins Haus gewunken und mit Kleidung des gefallenen Sohnes ausgestattet wurde. Und sie kam mit Fremden ins Gespräch, in ihrem Stadtviertel Uhlenhorst, in dem sie seit 40 Jahren lebt, ihre Kinder großzog und die Hunde spazieren führte. Zum Beispiel mit dem alten Mann, der ihr während einer Trambahnfahrt sein Lebens als Sozialist erzählte. All diese Geschichten, sagt Carmen Korn, haben sich über die Jahre bei ihr gesammelt, wollten irgendwann erzählt werden. Daraus ist ein Romanprojekt geworden, eine Trilogie, in der sie die Lebenswege von vier Frauen beschreibt, verwoben mit der Geschichte des Landes von 1919 bis zur Jahrtausendwende. Der erste Band, *Töchter einer neuen Zeit* (Rowohlt), ist bereits erschienen.

ROMANE, IN DENEN GESCHICHTE STECKT
* Naomi Schenck: *Mein Großvater stand vorm Fenster und trank Tee Nr. 12* (Hanser) – Schenck schreibt auf Wunsch des Großvaters nach seinem Tod dessen Biografie. Dabei erfährt sie, dass der vermeintlich, Unpolitische 1933 in die SA eingetreten war. Das verändert den Blick auf die Familiengeschichte
* Paula Fürstenberg: *Familie der geflügelten Tiger* (Kiepenheuer & Witsch) – Johanna will wissen, was kurz vor dem Mauerfall wirklich geschah. Ist ihr Vater aus der DDR in den Westen geflohen, wie es die Mutter immer erzählte, oder wurde er von der Stasi verhaftet?
* Matthias Brandt: *Raumpatrouille* (Kiepenheuer & Witsch) – Erinnerung an eine Kindheit in den 70er-Jahren in Bonn, als Sohn des Politikers Willy Brandt
* Martina Mosebach: *Die Grenzschwimmerin* (Punktum) – Katharina weiß wenig über die Vergangenheit ihrer Mutter Mischa, die in der DDR eine erfolgreiche Leistungsschwimmerin war. Als Mischa unerwartet stirbt, begibt sich Katharina auf eine Reise in deren Heimat

Vieles, was den Roman lebendig macht, weiß Korn nicht aus Geschichtsbüchern, sondern von Zeitzeugen. Mit ihrer Mutter und einer 96-jährigen Freundin trifft sie sich immer wieder zum Jour fixe. Dann fragt sie: Warum hängte man früher an Silvester die Wäsche auf dem Speicher ab? Oder: Wo ging man hin, wenn man 1949 einen Cocktail trinken wollte? So fügt sich das Bild, und Carmen Korn findet, dass sich in 100 Jahren eigentlich wenig geändert hat, was den Menschen betrifft. „Es mag zwar früher keine Autos oder Kühlschränke gegeben haben, aber die Ängste, Sorgen, Sehnsüchte und Gefühle sind die gleichen geblieben."

Und das ist doch beruhigend: Vieles, was uns Sorgen macht, hat auch schon unseren Vorfahren schlaflose Nächte bereitet; was ihnen half, kann vielleicht auch uns helfen. Wir sollten sie ansprechen, die Alten in der Familie oder Nachbarschaft, die erzählen können, wie es früher war. Und von ihnen lernen. Ich für meinen Teil werde auch mal wieder einen Spaziergang zu den Schlössern machen, in denen mein Opa gearbeitet hat. Einen Stapel Bücher über das Haus Wittelsbach brachte mir meine Mutter neulich schon vorbei. Denn, um es mit Gotthold Ephraim Lessing zu sagen: „Die Geschichte soll nicht das Gedächtnis beschweren, sondern den Verstand erleuchten." ●

TEXT **CATELIJNE ELZES** ILLUSTRATION **AURORA CACCIAPUOTI**

Das Glück des Einfachen

GASÖFEN RAUS, GESCHIRRSPÜLER REIN, DACHTE BERNICE

NIKIJULUW, ALS SIE MIT IHRER FAMILIE IN EIN ALTES HAUS ZOG.

DOCH DANN ENTDECKTE SIE DEN REIZ DES EINFACHEN LEBENS

Als ich mit meinem Mann und unserem Baby in ein kleines Haus im Amsterdamer Stadtteil Jordaan zog, konnte ich mein Glück kaum fassen. Es stammte aus dem Jahr 1850 und war ziemlich windschief, aber das störte uns nicht. Wir waren von den liebenswerten Details begeistert, den alten Dielenböden, den Balkendecken und historischen Schiebefenstern. Das Haus hat drei Stockwerke – zwar im Puppenhausformat, aber es war das erste Mal, dass wir eine Wohnung über mehrere Etagen hatten. In der Küche musste allerdings noch einiges geschehen, sie war entzückend, aber sehr einfach ausgestattet.

In unserer vorigen Wohnung hatten wir eine große Kühl-Gefrier-Kombination, einen Heißluftherd, eine Mikrowelle und einen Geschirrspüler. In unserer neuen Küche war der kleine Kühlschrank der modernste Einrichtungsgegenstand. Auch das Heizen mit Gasöfen war für uns ungewohnt. Durchaus gemütlich, aber wir wollten trotzdem eine Zentralheizung installieren lassen, sobald wir das Geld dazu haben würden. Vorläufig hieß es jedoch: zurück zum einfachen Leben.

Heute, gut zehn Jahre später, haben wir eine Reihe von Sanierungsarbeiten hinter uns. Das Dach hatte fast so viele Löcher wie ein Sieb, wegen der Risse in den Wänden waren Arbeiten am Fundament des Hauses erforderlich, und die Treppen haben wir so umgebaut, dass sie weniger halsbrecherisch sind. Ansonsten blieb alles, wie es war.   >

Die Öfen behielten wir, weil sie unser Zuhause so behaglich machen. Die Küche hätten wir nicht vergrößern können, ohne den Charakter des Hauses zu verändern. Inzwischen haben wir uns daran gewöhnt, mit der Hand abzuwaschen, nur kleine Mengen einzukaufen, weil wir wenig Platz im Kühlschrank haben, und auf einem 60 Jahre alten Herd zu kochen, dessen Backofen nur eine einzige Temperaturstufe hat. Unser Essen schmeckt deshalb nicht weniger gut, und das Leben ist auch nicht komplizierter geworden. Im Gegenteil – mehr Geräte heißt ja auch: mehr Dinge, die kaputtgehen können und Strom verbrauchen.

Mein Mann und ich haben immer sehr bewusst gelebt, und wir vermeiden Verschwendung. Wir haben beispielsweise kein Auto, weil wir auch mit dem Fahrrad und Zug bequem überall hinkommen, wo wir sein müssen. Wir kochen fleischfrei, und wir hatten nie den Wunsch, einen Wäschetrockner zu besitzen. Die Wäsche trocknet von allein, auch wenn es etwas länger dauert. Wir sind mit unserer Überzeugung aber auch nicht verbissen, reisen mit dem Flugzeug, mieten im Urlaub ein Auto, und wenn mir jemand ein Stück Fleisch serviert, esse ich es mit Appetit. Aber durch unser Haus haben wir einmal mehr gelernt, das einfache Leben zu schätzen. Es darf ruhig schief sein, solange es gleichzeitig so gemütlich ist. Die Einrichtung ist ein Sammelsurium aus gekauften, geschenkten, geerbten und aus dem Sperrmüll geretteten Sachen. Und alles wirkt heimelig und vertraut.

EISBLUMEN AM FENSTER
Man könnte auf die Idee kommen, dass wir in unserem schlecht isolierten Haus mit seinen einfach verglasten Fenstern und nur zwei Gasöfen sehr viel heizen müssen, aber verglichen mit den Heizkosten anderer Familien ist unsere Gasrechnung niedrig. In den kalten Monaten heizen wir nämlich nur das Wohnzimmer. Dort machen wir es uns mit der ganzen Familie schön gemütlich. Auf dem Gasofen steht immer ein Kessel mit warmem Wasser – für den Abwasch, für die Kartoffeln oder für eine Wärmflasche. Das klingt vielleicht spartanisch, aber es kostet nicht viel Mühe und ist praktisch. Dass es auch im Sinne der Umwelt ist, ist ein schöner Nebeneffekt. In den anderen Räumen kann es ruhig kalt sein, manchmal haben wir sogar Eisblumen an den Fenstern. Natürlich habe ich die Kälte auch schon verflucht, wenn ich abends fröstelnd meinen Schlafanzug anzog. Aber dann schlüpfe ich schnell unter meine dicke Decke und freue mich, dass das Heizkissen mein Bett vorgewärmt hat. Es ist schön, die Jahreszeiten tatsächlich zu erleben. Wenn ich in der komfortablen, konstant auf 20 Grad geheizten Wohnung meiner Mutter übernachte, vermisse ich dieses Gefühl.

Nun stecken wir allerdings in einem Dilemma. Unser Durchlauferhitzer muss ersetzt werden, und die Gasöfen halten wahrscheinlich auch nicht mehr lange. Was sollen wir tun? Ist es an der Zeit, eine Zentralheizung installieren zu lassen und uns von unserer nostalgischen Lebensweise zu verabschieden? Seit einem Jahr befinde ich mich in einem Zwiespalt, denn neben Verschwendung gibt es noch etwas, was ich nicht besonders mag: Veränderung. Ich war zum Beispiel sehr enttäuscht, als ich bei meinem zweiten Urlaub auf einem alten Bauernhof in Frankreich feststellte, dass der verfallene ehemalige Stall zu einem großzügigen Speisesaal umgebaut worden war. Der

„Die Öfen behielten wir erst mal, weil sie so viel Behaglichkeit ausstrahlen, und der alte Herd funktioniert immer noch"

Zauber dieses Orts war für mich verschwunden. Deshalb fahren wir inzwischen am liebsten zu einem alten Bauern auf einem abgelegenen Hügel in den Cevennen, wo sich nie etwas ändert. Auf seinem jahrhundertealten Hof können wir vom Bett aus zwischen den Dachziegeln hindurch in den Sternenhimmel schauen. Es gibt eine wunderschöne Terrasse, einen großen offenen Kamin, und in der Küche steht ein Tisch für mindestens 20 Leute. Das Leben dort ist einfach und zeitlos, noch viel mehr als bei uns zu Hause. Augustin, der alte weise Bauer, der aus ein paar verfallenen Gebäuden sein eigenes Paradies gebaut hat, hat uns dazu gebracht, über unsere Lebensweise nachzudenken. Er ist zu einem großen Teil Selbstversorger: Eier bekommt er von seinen Hühnern, er hält Schweine, die sich ihr Futter im Wald suchen, Obst und Nüsse erntet er von den Bäumen in seinem Garten, das Gemüse zieht er in seinem Beet, und Quellwasser kommt aus der Pumpe. Nichts wird weggeworfen, alles bekommt ein zweites Leben oder wird für etwas anderes gebraucht, verfeuert, recycelt oder getauscht. Diese einfache und übersichtliche Existenz erschien uns so unendlich reicher als das moderne Leben am Fuße des Hügels.

ZUFRIEDEN MIT WENIGER

Es scheint so zu sein, als lebten wir in einer Gesellschaft, in der jeder Wunsch erfüllt und jede Unbequemlichkeit beseitigt wird. Doch der englische Philosoph Thomas Hobbes erkannte bereits im 16. Jahrhundert, dass ein Verlangen nur zum nächsten Verlangen führt, sodass wir eigentlich nie zufrieden sind. Der Philosoph Marius de Geus sagt, dass sich Güter, die gestern noch Luxus waren, fast unmerklich in Sachen verwandeln, die heute   >

„Sich nicht von allem, was glänzt, verführen zu lassen, erzeugt Ruhe und Übersicht"

notwendig sind. De Geus zufolge ist der moderne Mensch gefangen in dem „unendlichen Zyklus oder Teufelskreis: wünschen, tagträumen, anschaffen, benutzen, überdrüssig werden, Neues wünschen und so weiter". Das ist genau die Falle, in die ich nicht mehr tappen möchte. Und immer mehr Menschen denken so wie ich. Sie entscheiden sich für ein einfaches Leben, meistens deswegen, weil ihnen ihr bisheriges über den Kopf gewachsen ist. Sie haben die Übersicht verloren und ertrinken in einem Meer aus Sachen. Sich davon zu lösen ist jedoch durchaus eine Herausforderung, für deren Bewältigung es inzwischen eine Menge Selbsthilfebücher oder Unterstützung von Aufräum-Coaches gibt.

LEBEN IM BAUMHAUS
Unter dem Motto „Downsizen", also sich verkleinern, hat sich sogar eine Bewegung gegründet, das sogenannte Tiny-House-Movement. Die Zahl ihrer Anhänger wächst seit Jahren stetig. Die Idee besteht darin, sein zu großes Haus gegen ein kleines zu tauschen, das dann obendrein nicht mehr mit einer Hypothek belastet ist. Dies vermindert den finanziellen Druck, schafft mehr Freiheit und beseitigt unnötigen Ballast. In den USA gibt es inzwischen rund zehntausend Tiny Homes, angefangen bei Baumhäusern und bis hin zu Designhäusern im Miniformat, manche auch auf vier Rädern. In Australien ist dieser Trend sogar noch älter. Viele Australier verkaufen ihr Haus, wenn sie in Rente gehen, schaffen sich ein Wohnmobil an und ziehen fortan damit durchs Land. Diese „grauen Nomaden" verdienen sich als Erntehelfer etwas dazu, manche von ihnen leben am Rande des Existenzminimums, aber für nichts auf der Welt würden sie

ihr Leben in der langweiligen Vorstadt zurückhaben wollen. Es sind Menschen, die das Leben im Überfluss bewusst hinter sich gelassen haben.

WAS DU WIRKLICH BRAUCHST
Mit meinem Plädoyer für ein einfacheres Leben will ich nicht sagen, dass man sich rigoros von seiner bisherigen Lebensweise verabschieden sollte. Es hilft schon, wenn man mal kritischer über Neuanschaffungen nachdenkt. Denkst du, dass ein Entsafter dein Leben verändert, oder hast du lieber mehr Platz auf deiner Arbeitsplatte? Lässt du dich zum Kauf der Küchenmaschine hinreißen, oder wird diese Anschaffung irgendwann zum Klotz am Bein? Wenn du kleine Entscheidungen bewusster triffst, überträgt sich das bald auch auf größere Fragen: Nimmst du den fordernden Job mit Aussicht auf Karriere an, oder wirst du mit einer Teilzeitstelle glücklicher?

Die Auffassung von Aristoteles war in dieser Frage eindeutig: Versuche bei allem, einen Mittelweg zu finden, also auch den zwischen vollständiger Einfachheit auf der einen Seite und Unmäßigkeit auf der anderen. Ein glücklicher Mensch „besitzt" sich selbst und lässt sich nicht von außen leiten, sagte der griechische Philosoph. Er hätte wohl auch meine Ansicht geteilt, dass man nicht in ein Baumhaus ziehen muss, um einfacher zu leben. Zu überlegen, was man wirklich braucht, und sich nicht von allem, was glänzt, verführen zu lassen, erzeugt bereits mehr Ruhe und Übersicht. Was die Zentralheizung für unser Haus angeht: Diese Entscheidung schieben wir noch eine Weile auf. Wir planen für dieses Jahr eine schöne Reise. ●

TEXT **BERNICE NIKIJULUW** FOTO **BONNITA POSTMA** STYLING **MIRJAM KNOTS** HAARE/MAKE-UP **KARIN CAMPAGNE**

Mehr über das Tiny-House-Movement in Deutschland erfährst du unter tiny-houses.de, dort findest du Haustypen, Bauprojekte und Buchtipps

Ja, ich will?
Mit 11 Jahren Ehefrau

Jeden Tag werden **weltweit 39.000 Mädchen frühverheiratet.** Ausbeutung, Gewalt und Missbrauch gehören oft zum Eheleben dazu.

In Afrika südlich der Sahara sind Mädchen besonders benachteiligt

Chipo hat nicht Ja gesagt, damals bei ihrer Hochzeit. Es hat sie auch niemand gefragt, als sie mit elf Jahren Ehefrau wurde. Chipo ist eines von weltweit über 14 Millionen Mädchen, die jedes Jahr frühverheiratet werden, und hatte wie sie keine Wahl. Inzwischen ist sie 14 und hat zwei Kinder. Chipo hatte sogar noch Glück, denn bei jungen Mädchen sind Schwangerschaft oder die Geburt eines Kindes eine der häufigsten Todesursachen. Die Schule musste Chipo schon vor ihrer Heirat abbrechen, denn ihre Familie konnte sich die Schulgebühren nicht leisten und die Arbeit im Haushalt ging vor. Als Ehefrau und Mutter hat sie kaum eine Chance, eine weiterführende Schule zu besuchen. Chipo lebt in einem Land südlich der Sahara, dort ist – wie in anderen Ländern auch – die Verheiratung von Kindern zwar offiziell verboten, wird aber nach wie vor praktiziert. Die Armut lässt vielen keine andere Möglichkeit. Armut, die den Zugang zur Schule erschwert, ist eine Hauptursache für Frühverheiratung.

BILDUNG ALS SCHUTZ VOR FRÜHVERHEIRATUNG

Um die Spirale von Armut und Mangel an Bildung zu durchbrechen, entwickelt Plan International Konzepte mit einem klaren Ziel: allen Mädchen und Jungen Schulbildung zu ermöglichen. So helfen zum Beispiel Alphabetisierungs- und Mathematikkurse, dass Mädchen und junge Frauen einen beruflichen Einstieg finden. Auch Mikrokredite als Einkommen schaffende Maßnahmen haben sich bewährt. Mädchen mit Schulbildung haben eine sehr viel höhere Chance, einer Zwangs- und Frühverheiratung zu entgehen – und später ein eigenes Einkommen zu erzielen. Unabhängig von Herkunft, Religion und politischen Verhältnissen setzt sich Plan International seit vielen Jahren für den weltweiten Schutz von Mädchen und Jungen und die Einhaltung ihrer Rechte ein. So führte die Kinderhilfsorganisation bis heute in 20 Ländern viele Projekte zur Beendigung von Zwangs- und Frühverheiratung durch und erreichte damit mehr als 150.000 Mädchen. Viele von ihnen setzen sich nun selbst gegen die Praxis der Frühverheiratung ein.

REGELMÄSSIGE UNTERSTÜTZUNG KANN WIRKLICH ETWAS VERÄNDERN

Die Zukunft der Mädchen hängt von einem nachhaltigen Entwicklungsprogramm ab. Die erfolgreiche Umsetzung ist auf regelmäßige Unterstützung angewiesen. Plan International hat sich deswegen für das Konzept der dauerhaften Hilfe vor Ort entschieden. Mit einer Patenschaft bei Plan International Deutschland können Sie sich auf sehr persönliche Weise wirksam engagieren. Sie wissen immer ganz genau, wie Ihr Geld hilft – und auch wem, zum Beispiel einem Mädchen wie Chipo und ihrer Gemeinde.

Plan International Deutschland e. V.

- Aktiv seit 1937, in **51 Ländern** mit über **1,2 Mio. Patenschaften**
- Über **310.000 Patenkinder** werden von deutschen Patinnen und Paten unterstützt
- Über **80 % der Mittel** fließen in die Projektausgaben
- Aktueller Fokus: **Bildung macht Mädchen stark!**

Mehr unter: **www.plan.de**

AMITAV GHOSH
DIE FLUT DES FEUERS
ROMAN
BLESSING

Elif Shafak
Der Geruch des Paradieses
ROMAN
KEIN & ABER

ZSUZSA BÁNK
SCHLAFEN WERDEN WIR SPÄTER
S. FISCHER

DER TOD
THRILLER
LUCA D'ANDREA
DVA
SO KALT

ELENA FERRANTE
DIE GESCHICHTE EINES NEUEN NAMENS
ROMAN
SUHRKAMP

Luiza Sauma
Luana
ROMAN

BÜCHERLISTE FÜRS FRÜHJAHR

Romanhelden, an die wir immer noch
gelegentlich denken müssen, besondere Geschichten,
in die uns Autoren entführt haben – hier sind
die aktuellen Flow-Favoriten für gemütliche
Lesestunden, dazu Empfehlungen von Buchbloggern

Jess Kidd
DER FREUND DER TOTEN
DUMONT

HANYA YANAGIHARA
EIN WENIG LEBEN
ROMAN · HANSER BERLIN

liebeskind
Cynan Jones
Alles, was ich am Strand gefunden habe
Roman

Claire Fuller
Eine englische Ehe
Roman
PIPER

LAUREN GROFF
ROMAN · HANSER BERLIN
LICHT UND ZORN

dtv premium
ROSAMUND LUPTON
LAUTLOSE NACHT
ROMAN

3X FAMILIE

GEGENSÄTZE

Fred, alleinerziehender Vater und graue Maus, führt ein langweiliges Angestelltendasein. Karla, um die 60, ehemalige Fotografin und Althippie, ist todkrank. Unterschiedlicher als diese zwei kann man kaum sein, und hätte Fred sich nicht zum Sterbebegleiter ausbilden lassen und wäre Karla nicht sein „erster Fall" geworden, dann hätten sie wohl nie ein Wort miteinander gewechselt. Aber da ist ja auch noch Phil, Freds 13-jähriger Sohn, der abseitige Gedichte schreibt und sich mit Karla anfreundet. Wie diese drei Menschen, gefangen in ihren Rollen und Schicksalen, ihre Herzen füreinander öffnen und einen neuen Blick aufs Leben entwickeln, beschreibt Susann Pásztor in gänzlich unprätentiösen, aber warmen Worten.

Susann Pásztor: *Und dann steht einer auf und öffnet das Fenster* (Kiepenheuer & Witsch)

ZUSAMMEN ÜBERSTEHT MAN ALLES

Eine schreckliche Tragödie zerstört das Leben ganz verschiedener Menschen: Einen Tag vor der Hochzeit ihrer Tochter explodiert das Haus der Künstleragentin June. Alle, die sie geliebt hat, ihr Kind, deren Verlobter, ihr Exmann sowie ihr wesentlich jüngerer Freund, Luke, sterben dabei. Völlig verstört flieht June in die Anonymität eines Motels. Sich den Gerüchten und Anschuldigungen dagegen nicht entziehen kann Lydia, die Mutter von Luke, der für das Drama posthum verantwortlich gemacht wird. Während die beiden Frauen versuchen, mit ihrem Schicksal klarzukommen, wird immer deutlicher, dass sie es nur gemeinsam schaffen können – weil sie mehr verbindet als trennt. Zu Recht wurde Bill Cleggs Debüt in den USA gefeiert und für den Man Booker Prize nominiert. Feinsinnig erzählt er aus unterschiedlichen Perspektiven den Kampf tief verletzter Menschen zurück ins Leben.

Bill Clegg: *Fast eine Familie* (S. Fischer)

DAS LIEBE GELD

Die Geschwister Plumb haben ihr Leben auf einer Gewissheit aufgebaut: Sobald Melody, die Jüngste, 40. Geburtstag feiert, wird das dicke Erbe ihres verstorbenen Vaters, das alle nur „Das Nest" nennen, unter ihnen aufgeteilt. Doch kurz bevor es so weit ist, verwendet ihre Mutter das Geld, um Sohn Leo, einem notorischen Playboy, aus der Patsche zu helfen. Zukunftspläne lösen sich mit einem Schlag in Luft auf, die Gegenwart wird prekär, und alte Zwistigkeiten zwischen den Geschwistern brechen wieder auf. Cynthia D'Aprix Sweeney hat mit ihrem Debüt einen sehr unterhaltsamen, bisweilen bitterbösen Familienroman hingelegt, der zugleich die obere New Yorker Gesellschaft mit ihren Eitelkeiten und Neurosen aufs Korn nimmt.

Cynthia D'Aprix Sweeney: *Das Nest* (Klett-Cotta)

3X SPANNUNG

DIE WEISSE BESTIE

Ein unbedarfter amerikanischer Drehbuchautor, ein kleines Kaff in Südtirol und ein seit 30 Jahren ungelöster Mordfall, das sind die Zutaten für diesen Überraschungserfolg aus Italien: Mit der gemeinsamen kleinen Tochter ziehen Jeremiah Salinger und seine Frau zurück in deren >

Heimat – ein Dorf in den Bergen. Nach einem dramatischen Unfall beißt sich der junge Mann an einem alten Kriminalfall fest, bei dem drei Menschen auf bestialische Art starben. Damit stößt er hier auf wenig Gegenliebe… Flott geschriebener Thriller mit überraschendem Plot, zum schnellen Weglesen bestens geeignet.

Luca D'Andrea: *Der Tod so kalt* (DVA)

HINTER DER FASSADE

Sie sind das perfekte Paar, der charmante, gut aussehende Lotto und die kluge, schöne Mathilde. Sie leben das perfekte Leben in New York: mit vielen Partys, leidenschaftlichem Sex, erst wenig und dann sehr viel Geld. Sie haben keine Geheimnisse voreinander, sie vertrauen sich blind. Doch dann blickt man hinter die Fassade des Paares und in einen unfassbar tiefen Abgrund. Der Stil Lauren Groffs ist sowohl sprachlich als auch in der Form (die Geschichte hat zwei Erzählperspektiven) gewöhnungsbedürftig, entwickelt aber einen unglaublichen Sog. Gelassen und ohne erhobenen Zeigefinger zeigt die Autorin, wie sich das Böse manchmal ins Leben (und die Liebe) schleichen kann – und wie machtlos man dagegen ist.

Lauren Groff: *Licht und Zorn* (Hanser Berlin)

DORFGEHEIMNISSE

Mahony, ehemaliges Waisenkind und nun Hippie, sucht in den 70er-Jahren das irische Kaff auf, aus dem seine Mutter stammen soll. Hier will er dem Geheimnis seiner Herkunft auf die Spur kommen. Doch die Einheimischen behalten ihr Wissen lieber für sich. Nur in der greisen Schauspielerin Mrs Cauley, die vermutet, dass Mahonys Mutter ermordet wurde, findet er eine Verbündete. Und

in all den Toten, die Mahony durch die Gegend wandeln sieht – eine „Gabe", die ihm nicht immer gefällt, aber vielleicht bei der Suche hilft. Hört sich skurril an? Ist es auch. In Großbritannien wird Jess Kidds Buch auch als „Comic Novel" bezeichnet, was es ziemlich gut trifft. Die Autorin schlägt einen sehr besonderen Ton an, der fast märchenhaft anmutet. Unbedingt lesenswert.

Jess Kidd: *Der Freund der Toten* (Dumont; erscheint am 19. Mai)

3X STARKE FRAUEN

ZWISCHEN DEN KULTUREN

Peri, die Hauptfigur von Elif Shafaks Roman, wächst in der Türkei zwischen einer strenggläubigen Mutter und einem säkularen Vater auf, der lieber trinkt, als zu beten. Er ermöglicht seiner Tochter ein Studium in Oxford, wo sie auf Shirin trifft, die sämtlichen Religionen abgeschworen hat, und auf Mona, die ihr Kopftuch aus Überzeugung trägt. Wieder stellt sich für Peri die Frage, welchen Weg es für sie geben kann zwischen einer weltlichen Orientierung und dem Glauben, zwischen Orient und Okzident, eine Frage, die auch für die Türkei gerade sehr aktuell ist. Elif Shafak bringt uns die Zerrissenheit ihres Heimatlands nahe und hat gleichzeitig einen klugen Roman über weibliche Selbstbestimmung geschrieben.

Elif Shafak: *Der Geruch des Paradieses* (Kein & Aber)

FORTSETZUNG EINER FREUNDSCHAFT

Elena Ferrante sorgte voriges Jahr mit *Meine geniale Freundin* für Wirbel, weil das Buch ein genialer Schmöker ist, die Autorin aber ihre Identität geheim halten wollte. Nun gibt es Band zwei ihrer vierteiligen Neapel-Saga um

„SCHON OFT HAT DAS LESEN EINES BUCHES JEMANDES ZUKUNFT BEEINFLUSST."

Ralph Waldo Emerson (1803–1882)

die Freundinnen Lila und Elena, und auch der ist fesselnder als jede noch so gute Fernsehserie und gleichzeitig wunderbar feinfühlig erzählt. Wieder erleben wir europäische Nachkriegsgeschichte aus weiblicher Nahperspektive, das Aufkommen von Computern, die Modernisierung Italiens, die Emanzipation der Frauen. Vielen Widrigkeiten zum Trotz versuchen Lila und Elena ihr Leben selbst zu gestalten, ihre Freundschaft ist ihre Stütze, sie wird aber auch auf die Probe gestellt.

Elena Ferrante: *Die Geschichte eines neuen Namens* (Suhrkamp)

arktisch kalte Nacht, um nach Matt, ihrem Mann und Vater, zu suchen, der angeblich bei einem verheerenden Brand ums Leben gekommen sein soll. Allein, auf sich selbst gestellt, fahren sie über ewiges Eis in stockdunkler Finsternis. Allein? Nicht ganz – sie werden verfolgt... Der intensive, aus wechselnden Perspektiven erzählte Thriller geht unter die Haut. Er bringt einem die wilde Schönheit Alaskas näher, nicht ohne dabei einen Blick auf die Auswirkungen der Schiefergasgewinnung auf Mensch und Natur durch Fracking zu richten."

Rosamund Lupton: *Lautlose Nacht* (dtv premium)

SO ANDERS ALS GEPLANT

Ingrid hatte andere Pläne, als den Literaturprofessor Gil Coleman zu heiraten und Kinder zu kriegen. Sie wollte ein selbstbestimmtes Leben, Reisen, vielleicht Schriftstellerin werden. Als Gil sie betrügt, allein lässt in einem kleinen Ort an der englischen Küste, schreibt sie ihm Briefe, die sie in seiner Bibliothek versteckt, dann verschwindet sie eines Tages. Zwölf Jahre später macht sich ihre Tochter Flora auf die Suche nach ihr. Aus ihrer Perspektive und Ingrids Briefen wird die Geschichte von zwei Enden aufgerollt, man erlebt mit, wie Ingrid sich zunächst selbst verliert und dann doch wieder Kontrolle über ihr Schicksal gewinnt. Ein toll erzähltes Drama und gut zur Auseinandersetzung damit, was man selbst will von einer Beziehung.

Claire Fuller: *Eine englische Ehe* (Piper)

Ruth Justen von ruthjusten.de: „Wer wissen will, wie sehr das Schicksal einzelner Menschen von politischen und wirtschaftlichen Interessen abhängt, dem sei die Trilogie des indischen Autors Amitav Ghosh ans Herz gelegt. Der Abschlussband, *Die Flut des Feuers,* erzählt die Geschichte des ersten Opiumkrieges zwischen Großbritannien und China ab 1839. Chinesische Händler, britische Seeleute oder indische Witwen: Wie im Rausch folgt man dem Romanpersonal bei der Suche nach Wohlstand und Glück in Zeiten des Krieges, der Kolonisation und des Kastendenkens."

Amitav Ghosh: *Die Flut des Feuers* (Blessing)

3X TIPPS VON BLOGGERN

Alexandra Zylenas von buecherkaffee.de: „Ein starkes Mutter-Tochter-Gespann macht sich im Norden Alaskas auf eine lebensgefährliche Reise durch die

Karla Paul von buchkolumne.de: „Drei Männer, eine Liebe und die beständige Hoffnung auf ein besseres Leben: Holden, Grzegorz und Stringer nehmen den Leser mit in ihren täglichen Kampf für eine Zukunft in dieser Welt und setzen dann mit einer Entscheidung alles aufs   >

Spiel – der walisische Autor Cynan Jones schreibt klar, spannend und kraftvoll über das Schicksal der Menschen an der Küste. Er erzählt von unser aller Wunsch nach Liebe, diese zu beschützen und der Gefahr, die damit einhergeht, baut uns eine Welt voller Möglichkeiten und reißt sie wieder ein. Ein Roman, der bis ins Mark eindringt und lange nachwirkt.“
Cynan Jones: *Alles, was ich am Strand gefunden habe* (Liebeskind)

des Gefangenseins im eigenen Leben und um Vergebung. André, Mitte 40, treibt nach einer gescheiterten Ehe die Sehnsucht nach seiner alten Heimat Rio de Janeiro um. Seit Jahrzehnten lebt er als Arzt in London und fühlt sich, als führe er das falsche Leben. Dieses Gefühl verstärkt sich, als er überraschend Briefe von Luana erhält, in die er vor 30 Jahren verliebt war – sie arbeitete als Dienstmädchen bei seinen Eltern. Eine Liebe, die von Anfang an unter einem schlechten Stern stand, denn Andrés Mutter war gerade gestorben. Luanas Briefe wecken die Schatten der Vergangenheit, die André versucht hatte zu ignorieren.“
Luiza Sauma: *Luana* (Hoffmann und Campe)

3X REDAKTIONSLIEBLINGE

Merle Wuttke, Flow-Autorin: „Zu Recht wird Hanya Yanagiharas Buch als eine der Sensationen des Jahres gehandelt. Sie hat ein modernes Epos über Freundschaft und Vertrauen geschaffen, vielschichtig und brillant geschrieben. Es geht um vier junge Männer und ihre tiefe Verbundenheit: Willem, JB, Malcolm und Jude kennen sich seit dem College. Sie sind eine verschworene Truppe, in deren Mittelpunkt Jude steht – genialer Kopf und Krüppel. Zärtlich kümmern sich die anderen drei um ihren Freund, der seit Jahren unter unerträglichen Schmerzen leidet, deren Ursache in Judes qualvoller und grausamer Vergangenheit liegt. Doch obwohl sich die vier so nah sind, schaffen sie es nicht, Jude aus seiner Hölle herauszuholen. Keine leichte Kost, man muss sich auf die Geschichte einlassen, mich hat sie nicht mehr losgelassen.“
Hanya Yanagihara: *Ein wenig Leben* (Hanser Berlin)

Tanja Reuschling, Flow-Redaktionsleiterin: „Luiza Sauma ist eine noch junge Autorin, ihr zartes, poetisches Debüt lässt einen gespannt zurück, was sie als Nächstes schreibt. Es geht um eine unmögliche Liebe, das Gefühl

Dani Kreisl, Bildredakteurin: „Ich mag Zsuzsa Bánks detailreiche, fast elegische Erzählweise. Wenn man sich auf sie einlassen kann, entfaltet sie einen ganz eigenen Zauber. Das ging mir schon bei *Die hellen Tage* so und auch jetzt wieder bei ihrem neuen Roman, *Schlafen werden wir später*. Es ist ein E-Mail-Wechsel zwischen zwei Freundinnen: der Lehrerin Johanna, die allein in einem kleinen Ort im Schwarzwald lebt, und der Künstlerin Márta, die mit Mann und drei Kindern in einer Großstadt

wohnt. Beide kennen sich seit Kindertagen und fragen sich jetzt, in der Mitte ihres Lebens, ob es wirklich einfach so weiterlaufen soll – oder noch mal eine ganz neue Wendung nehmen. Ein Roman, der tief eintaucht ins Seelenleben dieser Frauen und einem an so mancher Stelle auch selbst den Spiegel vorhält.
Zsuzsa Bánk: *Schlafen werden wir später* (S. Fischer) ●

ILLUSTRATION **DEBORAH VAN DER SCHAAF**

Entwirft Clare mal keine neuen Grafiken, ist sie als
Stylistin unterwegs, dekoriert ihre Wohnung oder nascht
Tacos – ihr kleines Laster. Mit Essen hat die *Cheese
Plant* auf der Vorderseite aber nichts zu tun, der Name
ist die englische Bezeichnung für *Monstera deliciosa* –
die aktuelle Lieblingspflanze der Flow-Redaktion.

ILLUSTRATION (VORDERSEITE) **CLARE NICOLSON** ARTWORK (RECHTS) **JORDAN BOLTON**

Jordan Bolton entwirft Filmplakate der besonderen Art. „Filme
sind Welten winziger Details", sagt der Plakatkünstler aus Manchester.
Und die stehen bei ihm im Mittelpunkt. Dutzende Objekte fertigt
er für ein Poster wie dieses hier für *Die fabelhafte Welt der Amélie* an,
verpasst Secondhandstücken den richtigen Look, ordnet sie
kunstvoll an und fotografiert sie. Auf jedem Plakat zu sehen ist ein
Koffer – als Bindeglied der Serie *Objects.* Über etsy.com

SPOIL YOURSELF

Zeit für eine kleine Verwöhnpause

SPASSMACHER

Pinguine, Melonen und Tukane sorgen für fröhliches Getümmel in der Sockenschublade. Das spanische Label Jimmy Lion ist Experte für gemusterte Strümpfe und hat noch (viel) mehr davon. Ab ca. 10 Euro, für Frauen und Männer, jimmylion.com

TRAUMHAUS

Schon als Kinder hegten und pflegten wir kleine Kressegärten. Mit dem Anzuchtset „MatchGarden" bekommen wir auch das passende Häuschen dazu. Drin sind auch Schornsteine, Wetterfahnen und anderes zum Ausschneiden, mit denen wir es individuell gestalten können. Drei unterschiedliche Varianten über another-studio.com, ca. 5 Euro

SOMMERGEFÜHLE

Die dänischen Künstler Lisa Grue und Denis Sytmen sind privat und beruflich ein gutes Gespann. Als Summer Will Be Back vertreiben sie bezaubernd illustrierte Prints und Postkarten. (summerwillbeback.com)

Wie kamt ihr auf den Namen? Wir leben in Skandinavien, wo die Sommer sehr kurz sind. Da ist es wichtig, sich zu erinnern, dass es nur ein Abschied auf Zeit ist.

Was wollt ihr mit eurer Arbeit bewirken? Ein Astronaut erzählte uns mal, dass er allen im Raumschiff rate, Tagebuch zu schreiben. Zurück auf der Erde werden die Erinnerungen auf Papier zu Schätzen für sie und die Daheimgebliebenen. Auch eine handgeschriebene Karte kann so ein Schatz sein, sie ist so viel persönlicher als eine SMS. Wir wollen die Menschen wieder miteinander verbinden.

Was inspiriert euch? Wir reisen viel. Letztens verbrachten wir ein paar Tage in einem Camp in Schweden, in Hütten ohne Strom, fließend Wasser, Handyempfang. Es war toll, durch nichts abgelenkt zu werden. Wir haben sogar Nordlichter gesehen. Unser Archiv ist voll mit solch inspirierenden Momenten und wächst stetig weiter.

PAUSE MACHEN

Ein alter Kuhstall gab dem britischen Naturkosmetikhersteller Cowshed seinen Namen – dort eröffnete er sein erstes Spa. Die Pflegeprodukte, die dort angewendet werden, gibt's auch für zu Hause, zum Beispiel das beruhigende Badesalz „Sleepy Cow" mit Himalajasalz und Olivenöl oder das Kissenspray, das nach Melisse und Zitrone duftet. Je 22 Euro, zu haben über najoba.de

Zu Gast bei Freunden

Lange diente das Jolly Château im französischen Le Bernard nur als Feriendomizil der Familie. Damien Berlinka und seine Frau Alexandra wollten es mehr Menschen öffnen. Sie verwandelten das Erbstück in ein Gasthaus, das nichts von seiner familiären Atmosphäre einbüßen sollte. Hier kocht Madame noch selbst, und Monsieur deckt den Tisch. Die Villa aus dem 19. Jahrhundert liegt inmitten grüner Natur unweit des Atlantiks. Zimmer ab 85 Euro/Nacht, verschiedene Yogareisen sind auch im Angebot. jollychateau.com

Rezept gegen Stress

Sehr oder ziemlich glücklich – das sind laut der aktuellen Stressstudie der Techniker Krankenkasse tatsächlich 93 Prozent der Deutschen. Das sind ausgesprochen gute Nachrichten. Denn ob wir Termindruck, berufliche Hürden und wirtschaftliche Unsicherheit als Belastung oder Herausforderung empfinden, hängt stark davon ab, wie zufrieden wir mit unserem Leben insgesamt sind. Je wohler wir uns fühlen, desto weniger kann Stress uns und unserer Gesundheit anhaben. Dafür können wir also gar nicht genug tun.

STICH FÜR STICH

Wir haben ein neues Hobby: Sticken. Ausgerüstet mit Rahmen, Garn und Nadel treten wir in Omas Fußstapfen. Besonders einfach geht das mit dem Starterset „Stitchit" von Doiy Design. Das hält alles bereit, was du brauchst – inklusive fünf toller Motivvorlagen. Über cedon.de, 15,90 Euro

„Was Freude in unser Leben bringt, kommt immer zur richtigen Zeit."

Ernst Ferstl

TEXT SARAH ERDMANN, LENA NEHER FOTO PLAINPICTURE

Spoil yourself

Lieblingsstücke

ES SIND DIE BESONDEREN DINGE, ÜBER DIE WIR UNS

AM LÄNGSTEN FREUEN. ZUM BEISPIEL DIESE HIER

NOSTALGIEIMKINDERZIMMER.DE
Alles fließt: Die Vasen „Sally" von Greengate wirken durch ihr verlaufenes Streifenmuster
hübsch unperfekt. Es gibt sie in verschiedenen Formen und Größen ✳ ab 11,90 Euro

DREAMS4KIDS.DE

Zuerst Spielmatte, dann Aufbewah-
rungstasche: Der Aufräumsack
von Play & Go macht sich nicht nur im
Kinderzimmer nützlich ✱ 34 Euro

EMILUNDPAULA.DE

Die Wegwerfbecher für den Coffee
to go sind ein echtes Umweltproblem.
Gute Alternative: der „Travel Mug
Sally" von Greengate ✱ 19,80 Euro

WELTBILD.DE

Wie man aus Jeans Armbänder,
Tablethüllen und mehr näht, verrät
Laura Sinikka Wilhelm in ihrem Buch
Alles Jeans (Haupt) ✱ 24,90 Euro

MINIMARKT.COM

Auf diesem Poster von Fine Little Day
zeigt sich der Regenbogen
ausnahmsweise mal nicht in all seinen
Farben ✱ 27 Euro

„Mir tut nur
eines auf der Welt
leid: dass nicht
ich es gewesen bin,
der die Jeans
erfunden hat."

Yves Saint Laurent (1936–2008)

EDITED.DE

Die lange Denim-Bomberjacke von Set
sieht dank dezentem Egg-Shape
und grafischen Ziernähten besonders
aus ✱ 79,90 Euro

DESIGNDELICATESSEN.DE

Pouf „Sit on me" von Oyoy lässt sich an
seinem Ledergriff leicht dahin
ziehen, wo er gebraucht wird ✱ 134 Euro

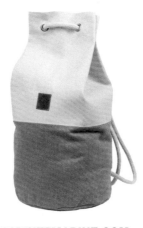

MARINETMARINE.COM

Treuer Begleiter: In den „Sac marine"
aus Biobaumwolle passt alles, was
unterwegs gebraucht wird ✱ 79 Euro

MUJI.DE

Wir stehen auf Denim – in diesem Fall
sogar wortwörtlich: in den schlichten
Jeanspuschen von Muji ✱ 12,95 Euro

BANDO.COM

„Blumen sind das Lächeln der Erde", sagte einst der Schriftsteller Ralph Waldo Emerson. Wir sagen: Auf der geräumigen Canvas-Tasche machen sie sich auch prima ✳ ca. 52 Euro

CLARINS.DE

„Skin Illusion Blush" zaubert Frische ins Gesicht, „Joli Baume" pflegt die Lippen mit Kakaobutter und Sheabutter-Öl. Von Clarins ✳ 19,50 Euro und 12 Euro

FAHRRAD.DE

Auf dem Grünen ins Grüne – und im Korb von Rad „Creme Molly 3-Speed Pistachio" finden auch noch Picknickdecke & Co. Platz ✳ 539,99 Euro

„Festhalten kannst du den Frühling nicht, aber ihn plündern."

Friedrich Hebbel (1813–1863)

VERLAGSHAUS24.DE

Wer piept denn da? Im toll illustrierten Buch *Vögel in meinem Garten* (Frederking & Thaler) von Matt Sewell kannst du es nachschlagen ✳ 16,99 Euro

ZALANDO.DE

Aprilwetter? Juhu! Denn in den korallenroten Gummistiefeln von Hunter hüpft es sich noch schöner von Pfütze zu Pfütze ✳ 99,95 Euro

DE.TOPSHOP.COM

Nicht nur im Sommer sollten wir unsere Augen vor UV-Strahlung schützen: Das Modell „Right Time" von Quay begrüßt mit uns die Frühlingssonne ✳ 60 Euro

DERBESHOP.DE

Den „Vichy Travel Friese Diva Blue" von Derbe Hamburg lässt Schietwetter ganz und gar unbeeindruckt ✳ 139,90 Euro

THE GOLDEN RABBIT
Ackerstraße 159
40233 Düsseldorf
the-golden-rabbit.de

Früher haben Petra Wenzel und ihr Partner Ausstellungen kuratiert, jetzt bieten sie in ihrem Concept Store alles rund um die Gartenarbeit an – von Saatgut bis Franzbranntwein.

Wieso ausgerechnet Gartenzubehör? Spaten gibt es doch auch im Baumarkt. Ja, aber da kauft man drei Mal einen Spaten, weil er drei Mal abbricht. Es ist klüger, in richtig gutes Werkzeug zu investieren, das man auch noch seinen Kindern vererben kann.

Wie sucht ihr euer Sortiment zusammen? Das finden wir in der ganzen Welt – wir reisen gern und lernen spannende Menschen kennen. Und dabei stoßen wir auf Produkte wie zum Beispiel die Geräte von Sneeboer. Wenn man einmal eins davon in der Hand hatte, möchte man sie alle haben. Jedes einzelne hat seine ganz eigene Poesie.

„Gärtnern hilft, zu entschleunigen, wieder eine Erdung zu finden"

MYTOYS.DE
Du brauchst einen bis elf Mitspieler und eine Wiese – dann kann die Schlacht um den König beginnen. Das Geschicklichkeitsspiel „Kubb" garantiert Outdoorspaß ✱ 31,99 Euro

DOUGLAS.DE
„Daisy Blush" von Marc Jacobs sorgt für Frühlingsgefühle mit Pink Grapefruit und Aprikose, EdT, 75 ml ✱ 74,95 Euro

ORLAKIELY.COM

Grün, grün, grün … sind alle meine Kräuter. In den hübsch gemusterten Emaille-Übertöpfen machen sie sich besonders gut ✳ ca. 65 Euro

HUMANEMPIRESHOP.COM

Wie sieht noch mal Estragon aus? Das kleine Kräuterposter von Rinah Lang schmückt nicht nur die Küche, sondern hilft auch beim Blick ins Beet ✳ 5,90 Euro

ANKERKRAUT.DE

Über ihre Manufaktur im Hamburger Hafen vertreiben Anne und Stefan Lemcke Gewürze und Kräutertees wie „Blütenzauber" ✳ 6,99 Euro

„Die Natur macht nichts vergeblich."

**Aristoteles
(384–322 v. Chr.)**

GARTENZAUBER.COM/SHOP

Auf drei Baumwoll-Etagen kannst du mit diesem Kräutertrockner deine Ernte lufttrocknen – und so das ganze Jahr über genießen ✳ 36,50 Euro

BUECHER.DE

Enthält neben kreativen Rezepten auch viele Tipps zum Anbau: *Mein Kräuter & Blumen Kochbuch* von Oliver Brachat (Hölker Verlag) ✳ 16,95 Euro

MUTTERLAND.DE

Für Liebhaber altmodischer Kräuterbonbons: handgefertigte „Bonschen", ganz ohne künstliche Aromen und Zusätze ✳ 3,40 Euro

URBAN-DRINKS.DE

Chininfreies Bio-Tonicwater „Green Monaco", mit Auszügen von Fieberklee, Enzianwurzel, Rosmarin, Lavendelblüte und Zitronenmelisse ✳ 1,60 Euro

REDAKTION **WIEBKE A. KUHN**

Anna Potter

Das Blumenlädchen, das die Welt eroberte

RUND UM DEN GLOBUS FAND DIE ENGLÄNDERIN

ANNA POTTER DANK INSTAGRAM BEGEISTERTE FANS FÜR IHRE

KUNSTVOLLEN STRÄUSSE. SIE ERINNERN AN STILLLEBEN

NIEDERLÄNDISCHER MALERINNEN DES 17. JAHRHUNDERTS

„Die Kunsthochschule war sehr wichtig für mich.
Was ich dort über Farbe und Form
gelernt habe, wende ich heute auf Blumen an"

*„Das Wilde in meinen Sträußen fasziniert
die Leute. Sie kennen das aus dem Garten ihrer
Eltern und sehnen sich nun wieder danach"*

TEXT **CHRIS MUYRES** FOTO **ANNA POTTER, INDIA HOBSON**

Keine Sekunde meines bisherigen Lebens hatte ich daran gedacht, mal etwas mit Blumen zu machen, als ich in einem Blumengeschäft hier in Sheffield eine Stelle angeboten bekam. Ich war gerade mit der Kunsthochschule fertig und suchte Arbeit. Doch kaum stand ich in dem Laden, wusste ich: Das ist es! Das pure Glück. Und so empfinde ich die Arbeit immer noch. Der Florist war ein fantastischer Mensch. Er hat mir alles beigebracht und mich ermuntert, meinen eigenen Stil zu finden. Aber obwohl ich viel Freiheit bei meiner Arbeit hatte, konnte ich nicht wirklich die Sträuße machen, die mir vorschwebten. Meine Ideen für Blumenarrangements waren zu wild. Im zweiten Blumenladen ging es mir genauso. Nach vier Jahren war die Zeit reif, mich selbstständig zu machen. 2008 habe ich Swallows & Damsons eröffnet. Im Nachhinein betrachtet, war die Ausbildung zur bildenden Künstlerin sehr wichtig für mich. Was ich über Ästhetik, Farbe und Form gelernt habe, wende ich heute auf Blumen an. Im Studium habe ich die niederländischen Blumenstillleben des Goldenen Zeitalters kennengelernt, von Malerinnen wie Judith Leyster und Rachel Ruysch. Die dunkle, ja schwermütige Schönheit dieser Gemälde ist eine wunderbare Inspirationsquelle. Das Arrangieren von Blumen ist für mich Malerei – nur eben mit anderen Mitteln. Lebendig und vergänglich. Gerade das Welken finde ich aufregend. Ich lasse meine Blumen darum immer ein paar Tage länger in der Vase stehen, andere hätten sie längst weggeworfen.

VOLLKOMMEN INTUITIV

Meine Blumendekorationen werden am schönsten, wenn ich nicht lange überlege, wohin es gehen soll. An einem Tag entsteht etwas Farbenfrohes, Fröhliches, an einem anderen etwas Düsteres und Melancholisches. Ich liebe wilde, natürlich anmutende Blumenarrangements. Populär wurde dieser Stil, als ich mich gerade selbstständig machte. Ich habe vollkommen intuitiv damit angefangen. Dann entdeckte ich, dass vor allem in den USA bereits andere Floristen in dieser Richtung arbeiteten. Sarah Ryhanen und Nicolette Owen beispielsweise, beide in Brooklyn/New York, haben mich sehr inspiriert. Und sie tun es noch. Statt alles in ein starres Korsett zu zwängen, schaue ich, wie die Blumen wachsen, gehe auf die Eigenwilligkeit der Stiele ein, folge ihren Bewegungen, füge robuste Elemente wie Zweige, Beeren oder Dorniges hinzu. Ich genieße es, diese Dinge in der Natur zu suchen und zu sammeln.

ICH FOLGE DIR AUF INSTAGRAM

Mein Laden liegt in Sheffield an einer ziemlich verrückten Straße mit vielen Antiquitätenläden und Cafés. Sheffield hat eine enorme Anziehungskraft auf Kreative. Für eine Industriestadt ist sie sehr grün, umgeben von herrlicher Landschaft und Natur. Obendrein liegt sie zentral. Das kommt mir zugute, wenn ich für Hochzeiten oder andere Festlichkeiten aufs Land fahren muss. Schon toll, wenn so ein kleiner Blumenladen von überall her Aufträge bekommt. Sogar der Königin habe ich schon einen Strauß gebunden! Ich habe Instagram viel zu verdanken – dabei stand ich sozialen Netzwerken zunächst skeptisch gegenüber. Jetzt kommen Leute von überall her zu mir und sagen: „Ich folge dir auf Instagram, deine Arbeiten sind unglaublich schön." Irgendwie ein merkwürdiges Gefühl. Ich entwerfe Sträuße, und die ganze Welt schaut zu, macht Komplimente und teilt die Liebe zu Blumen. Stilisierte Sträuße sprechen Sinne und Gefühle viel weniger an. Ich glaube, besonders das Wilde in meinen Arrangements fasziniert die Leute. Das hat etwas Vertrautes für sie. Sie kennen das aus dem Garten ihrer Eltern, vom Spielen in der Natur, und sie sehnen sich danach. Auch meine beiden kleinen Söhne mögen Blumen und wollen mir immer helfen. Kinder sollten mit Blumen und Natur aufwachsen. Es geht um die Erdung, darum, seinen Platz auf der Welt zu finden. Wenn ich durch meine Arbeit nicht nur meine Kinder, sondern Menschen rund um den Globus ein bisschen miteinander und mit der Natur verbinden kann, ist das das Schönste, was ich mir vorstellen kann. ●

....

* swallowsanddamsons.com;
  Instagram: @swallowsanddamsons
* saipua.com
* nicolettecamille.com

....

GIB DEINEM LEBEN MEHR FLOW

EINE GUTE IDEE: DAS FLOW-ABO!

Flow ist voll mit kreativen Ideen, spannenden Denkanstößen und positiven Inspirationen, die den Alltag ein bisschen schöner machen. Dazu kleine Papiergeschenke zum Herausnehmen, liebevolle Illustrationen und viele Selbstmachtipps.

DARUM FLOW IM ABO:
* Weil du keine Ausgabe mehr verpasst.
* Weil du alle Überraschungen doppelt im Heft findest.
* Weil du garantiert kein Porto zahlst – auch
nicht für Bestellungen aus dem deutschen Flow-Shop.
* Weil du jederzeit flexibel kündigen kannst.

Mein Leben ist im **flow**.

KURKUMA-
SMOOTHIEBOWL

IN SCHALE GEWORFEN

Sie sind lecker, praktisch und wunderbar farbenfroh: Gerichte, bei denen alle Zutaten in eine Schüssel, die sogenannte Bowl, kommen. Tolle Rezepte dafür serviert uns die österreichische Bloggerin Eva Fischer

Eva Fischer ist von Natur aus neugierig. Und gerade in der Küche kommt ihr dieser Charakterzug zugute. „Neugier ist sozusagen die Ingredienz jedes guten Rezeptes", sagt die in Wien lebende Foodexpertin und -bloggerin (foodtastic.at). Eine Glutenunverträglichkeit brachte sie dazu, gutes Essen zu ihrem Beruf zu machen, ließ sie neue Zutaten und Zubereitungsarten entdecken. Bowlgerichte zum Beispiel, die gerade ziemlich angesagt sind. Deren Prinzip ist einfach: Was sonst auf verschiedenen Teller landet, wird mit Liebe und Fantasie in einer Schüssel angerichtet, egal ob herzhaft oder süß, warm oder kalt. Eva, die unter anderem als Ernährungscoach arbeitet, setzt dabei besonders auf gesunde und nährstoffreiche Zutaten, auf die – sozusagen als Krönung – ein leckeres Topping kommt.   >

Kurkuma-Smoothiebowl

Zutaten für 2 Personen:

1 El Kurkuma ✳ 1 gefrorene Mango (siehe Tipp)
✳ 250 g Naturjoghurt ✳ 300 ml Kokoswasser

TOPPING: 1 Mango ✳ 2 Feigen ✳ 4 El Kokosflocken
✳ 4 El Pistazien

Alle Bowlzutaten in einen Mixer geben und zu einem cremigen Smoothie verarbeiten. Mango für das Topping schälen und in feine Scheiben schneiden. Feigen halbieren. Smoothie in Schalen mit Feigen, Kokosflocken, Pistazien und Mango garniert servieren.

Tipp: Mangos lassen sich sehr gut tiefkühlen: Einfach schälen, entkernen, in Stücke schneiden und in Gefrierbeuteln einfrieren. Alternativ kann man für dieses Rezept auch eine frische Mango und einige Eiswürfel nehmen. Smoothies sind ideal, um sie mit zur Arbeit zu nehmen. Topping getrennt verpackt transportieren.

Grüne Proteinbowl mit Erbsenhummus

Zutaten für 2 Personen:

2 Zucchini ✳ 8 Stangen grüner Spargel ✳ 1 Avocado
✳ 50 g Spinat ✳ 2 El Sesamöl ✳ 4–5 El Sojasauce ✳
2 El Fischsauce ✳ 4 El Hüttenkäse ✳ 50 g Rucola

FÜR DAS ERBSENHUMMUS: 1 Knoblauchzehe ✳
150 g gekochte frische Erbsen ✳ einige Blätter Minze
✳ Saft von ½ Zitrone ✳ 2 El Tahini ✳ ca. 1–2 El Olivenöl ✳
Salz, Pfeffer

TOPPING: schwarzer Sesam ✳ Sprossen ✳ 1 Limette

Enden der Zucchini abschneiden und Zucchini mit einem Spiralschneider durch Drehbewegung oder mit einem

Sparschäler in dünne Streifen schneiden. 30 Sekunden lang mit heißem Wasser abbrausen. Spargel halbieren. Avocado schälen, entkernen und in Scheiben schneiden. Spinat waschen und trocken schleudern.

Sesamöl in einer Pfanne erhitzen. Zucchininudeln und Spinat zugeben, kurz rundum anbraten. Mit Soja- und Fischsauce ablöschen und abschmecken. Für das Erbsenhummus Knoblauch schälen und fein hacken. Mit den anderen Hummuszutaten und wenig Wasser pürieren, bis eine cremige Masse entsteht.

Zutaten aus der Pfanne mit Avocado und Spargel in Schüsseln anrichten, bei Bedarf mit Salz abschmecken. Erbsenhummus und Hüttenkäse ebenfalls in die Bowls geben. Mit Sesam, Rucola und Sprossen garniert servieren. Limette in Spalten daraufgeben.

Tipp: Statt Spargel kann man auch mehr Zucchini oder zum Beispiel Rosenkohl verwenden.

Mexikanische Tortillabowl

Zutaten für 2 Personen:

einige Blätter Römersalat ✳ 2 Tomaten ✳ 1 rote Paprika
✳ ¼ Rotkohl ✳ 200 g Kidneybohnen (Dose) ✳ 100 g Mais
(Dose) ✳ 4 Vollkorntortillas ✳ 150 g saure Sahne

FÜR DIE GUACAMOLE: ½ Limette ✳ 1 Knoblauchzehe ✳
1 Tomate ✳ 1 Frühlingszwiebel ✳ 2 Avocados
✳ 1 El Olivenöl ✳ 1 Msp. Chilipulver ✳ Salz, Pfeffer

TOPPING: ½ Bund Koriander ✳ Chiliflocken ✳ 1 Limette

Für die Guacamole Limette auspressen. Knoblauch schälen und fein hacken. Tomate würfeln. Frühlingszwiebel in sehr feine Scheiben schneiden. Avocados halbieren, Kern entfernen, Fruchtfleisch mit einem Löffel ausschaben, in eine >

GRÜNE PROTEIN-BOWL MIT ERBSENHUMMUS

TOPPINGS

MEXIKANISCHE TORTILLABOWL

HIRSE-PORRIDGE-BOWL MIT KARAMELLISIERTEN BIRNEN

Hirse-Porridge-Bowl mit karamellisierten Birnen

Zutaten für 2 Personen:

FÜR DEN BREI: 100 g Naturhirse ✳ 450 ml Mandel- oder Kokosmilch ✳ 1 kleine Zimtstange ✳ 1 Gewürznelke ✳ 1 Msp. geriebene Bio-Zitronenschale ✳ 3 El Honig ✳ 1 Prise Salz ✳ 2 El Haselnüsse

FÜR DIE BIRNEN: 3 reife Birnen ✳ Saft von 1 Zitrone ✳ 2 El Kokosblütenzucker ✳ Mark von 1 Vanilleschote

TOPPING: Honig ✳ 2 Feigen ✳ evtl. 2 El Kornblumenblüten

Um einen bitteren Geschmack zu vermeiden, die Hirse in einem feinen Sieb mit Wasser abspülen. Milch, Zimt und Nelke ca. 5 Minuten bei schwacher Hitze köcheln lassen. Gewürze aus der Milch nehmen, Zitronenschale, Hirse, Honig und Salz einrühren. Hirse etwa 10 Minuten quellen lassen. Bei Bedarf mehr Flüssigkeit hinzufügen.

Kurz vor Kochende Birnen in Spalten schneiden. In einer Pfanne Zitronensaft, Zucker und Vanillemark erhitzen, die Birnenspalten hinzugeben und karamellisieren.

Haselnüsse hacken. Hirsebrei noch warm mit den Birnen in den Schüsseln anrichten und mit gehackten Haselnüssen bestreuen. Feigen halbieren und je 2 Hälften auf die Birnenspalten geben. Mit Honig beträufelt und nach Belieben mit Kornblumenblüten garniert servieren.

Tipp: Lässt sich gut vorkochen und aufwärmen oder auch kalt essen. Statt Birnen Früchte der Saison oder Kompott verwenden. ●

Schüssel geben und mit einer Gabel zerdrücken. Mit Limettensaft und Olivenöl gut vermischen, bis eine cremige Masse entsteht. Tomaten, Chilipulver, Knoblauch und Frühlingszwiebeln unterrühren, mit Salz und Pfeffer würzen.

Römersalat waschen und trocken schütteln. Tomaten und Paprika in Würfel schneiden. Äußere Blätter des Rotkohls entfernen, Strunk herausschneiden, die Blätter fein hobeln oder schneiden. Kidneybohnen und Mais abgießen.

Ofen auf 150 Grad Umluft vorheizen. Tortillafladen in Alufolie wickeln, 8–10 Minuten erwärmen.

Koriander abzupfen und fein hacken. Tortillas aus dem Ofen nehmen und mit Römersalat, Rotkohl, Mais, Kidney-bohnen, Guacamole, Tomaten- und Paprikawürfeln sowie der sauren Sahne füllen. In Schüsseln anrichten. Limette achteln. Tortillas mit Koriander und Chiliflocken bestreuen und mit Limettenspalten servieren.

Tipp: Tortillas sind ein sehr geselliges Essen, bei dem jeder seine eigene nach Lust und Laune selbst füllen kann. Ideal, um Gäste zu bewirten. Schmecken übrigens auch mit 300 g Rinderhack oder 100 g Fetawürfeln sehr lecker.

FOTO JULIA STIX/BRANDSTÄTTER VERLAG

Glückliche Gäste - entspannte Gastgeber.

Mit diesen Rezepten gelingt's!

So geht's:

Deinen Kleiderschrank aufräumen

Text Caroline Buijs

1. Verschaffe dir einen Überblick über deine gesamte Garderobe. Mache zwei Stapel: Behalten und weggeben. Hänge Kleidungsstücke, von denen du nicht weißt, ob du sie noch mal trägst, mit dem Kleiderbügel verkehrt herum in den Schrank. Hängt der Bügel nach einem Jahr noch verkehrt herum? Dann kann das Kleidungsstück weg.

2. Hänge oder lege die Kleidung, die du zur Arbeit trägst, auf die eine Seite im Schrank und Freizeitkleidung auf die andere Seite. Du kannst auch nach Farben oder Stilrichtungen sortieren. Lege - abhängig von der Saison - Sommer- oder Winterkleidung hinten in den Schrank oder bewahre sie in einer Kunststoffbox auf.

3. Verwende Kleiderbügel in verschiedenen Farben, um Kleidungsstücke, die sich ähneln, besser unterscheiden zu können (zum Beispiel Pullover und Jacken).

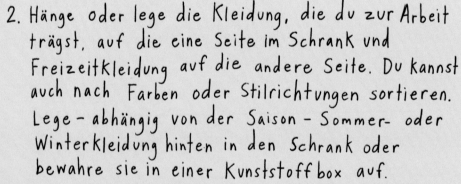

4. Mache verschiedene Stapel für langärmelige und kurzärmelige T-Shirts.

5. Lege Unterwäsche, Socken, Strumpfhosen und Schals am besten in Schubladen oder verschließbare Kästen und hänge Gürtel an Gürtelbügel.

6. Achte auf gutes Licht: Bringe vor dem Schrank oder im Schrank Spots an.

7. Sorge für angenehmen Duft im Schrank: mit Lavendelsäckchen, Seifenstücken oder einer mit Gewürznelken gespickten Zitrone.

8. Verhindere Mottenbefall, indem du deine Kleidung regelmäßig reinigst und/oder lüftest. Bewahre Kleidung nicht in Pappkartons auf, sondern in luftdichten Plastiktüten. Auch kleine Zedernholzblöcke halten Motten fern, genau wie Gewürznelken, Lavendel oder getrocknete Orangenschalen.

Illustration Kate Pugsley

Revolutionärin der Kindererziehung

Maria Montessori

SIE HAT DIE PÄDAGOGIK AUF DEN KOPF GESTELLT UND BIS HEUTE

GEPRÄGT. DAFÜR MUSSTE DIE ITALIENERIN SICH GEGEN VIELE

WIDERSTÄNDE DURCHSETZEN UND AUCH PRIVATE OPFER BRINGEN.

ABER IHREN GRUNDSÄTZEN IST SIE IMMER TREU GEBLIEBEN

Normalerweise setzte kein Römer, der nicht dort wohnte, freiwillig einen Fuß in das Viertel San Lorenzo, ein heruntergekommener Arbeiterbezirk, in dem die Kriminalitätsrate hoch war. Die Kinder waren meist auf sich gestellt und lungerten in den Straßen herum. Weil sie dabei so viel Unfug anstellten, hatte eine Gruppe von Bänkern die Idee, ein „Kinderhaus" zu errichten für alle, die noch zu klein für die Schule waren. Damit das Projekt gelänge, sollte eine Ärztin Leiterin des Hauses werden, die sich in Italien bereits einen Namen gemacht hatte: Maria Montessori. Im Januar 1907 öffnete die „Casa dei Bambini", und schon bald schauten alle nach San Lorenzo. Maria Montessori entwickelte eine ganz eigene Pädagogik, die mit fast allem brach, was man bis dahin unter Erziehung verstanden hatte. Die Kinder machten sich mit ihren Methoden allerdings erstaunlich gut. Weitere Montessori-Häuser und -Schulen wurden eröffnet – zunächst in Italien, dann auf der ganzen Welt. In Deutschland arbeiten heute rund 400 Schulen und 600 Kindergärten nach ihren Ideen.

Marias Einsatz für die Kinder hat sie berühmt gemacht, aber auch viel gekostet. Als „nerviger Querkopf" stieß sie auf allerlei Widerstände, erst bei ihrem Vater, dann bei Kommilitonen, die sie mobbten; zu Zeiten des Faschismus geriet sie mit den totalitären Machthabern in Konflikt.

Am schwersten aber war ein persönliches Opfer, das sie brachte: Ihr einziges eigenes Kind gab sie gleich nach der Geburt in eine Pflegefamilie.

IM KLASSENZIMMER EINGESPERRT

Maria Montessori wird 1870 in der italienischen Kleinstadt Chiaravalle geboren. Sie wächst als behütetes Einzelkind in einer bildungsbürgerlichen Familie auf und interessiert sich schon früh für Naturwissenschaften, damals noch absolut untypisch für ein Mädchen. Aber sie ist selbstbewusst und scheint schon als Kind zu spüren, dass sie der Welt etwas Wichtiges zu sagen hat. Als Zehnjährige wird sie einmal schwer krank, und ihre Mutter hat Angst, dass sie stirbt. Aber Maria sagt zu ihr: „Mach dir keine Sorgen, Mutter. Ich kann nicht sterben, ich habe noch viel zu tun!" Sie geht auf eine technische Oberschule, weil sie Ingenieurin werden will. Außer ihr gibt es dort nur ein anderes Mädchen, es gibt keine Toiletten für die beiden, sie müssen den ganzen Tag durchhalten. Und sie werden in der Pause im Klassenzimmer eingeschlossen, um sie vor dem ständigen Spott ihrer Mitschüler zu schützen.

Maria lernt früh, dass sie eine Kämpferin sein muss, aber auch, dass sie ihre Ziele erreichen kann. Nach der Schule verkündet sie bestimmt, dass sie Ärztin werden möchte. >

„MICH BESCHÄFTIGT, WAS AUS DEN KINDERN WERDEN KÖNNTE, WENN SIE DIE RICHTIGE FÖRDERUNG BEKÄMEN"

Es gibt zu der Zeit in ganz Italien noch keine weiblichen Ärzte. Ihr Vater will es ihr verbieten. Aber Maria setzt sich durch und beginnt als einzige Frau an der Universität Rom ein Medizinstudium. Die Uni hat sie zwar zugelassen, aber zwingt sie, immer als Letzte, wenn alle schon sitzen, den Hörsaal zu betreten. Alle starren sie an, aber Maria lässt sich nicht anmerken, wie schwer das für sie ist. Sie wird später über intelligente Kinder sagen, sie seien oft sehr sensibel, ihr Talent würde sie in die Welt hinaustreiben, gleichzeitig würde die Härte dort sie überfordern. Dieser Zwiespalt begleitet Maria durch ihr gesamtes eigenes Leben. Sie wird sich später, wie zum Schutz, immer mit einer Gruppe Frauen umgeben, Anhängerinnen, die mit ihr reisen und zum Teil auch bei ihr wohnen.

ALLE ENERGIE FÜR DIE KINDER

Mit 26 wird Maria eine der ersten Ärztinnen Italiens und arbeitet in einer, wie man damals sagte, „Irrenanstalt für schwachsinnige Kinder". Sie ist schockiert, dass diese wie Gefangene in leeren, fensterlosen Räumen hausen. „Wenn wir ihnen Brot geben", empört sich eine Wächterin, „formen sie Bälle und Figuren daraus, statt es zu essen." Maria sieht darin keinen Schwachsinn, sondern ein ganz normales Grundbedürfnis nach Spiel und Beschäftigung. Das alles lässt sie nicht los, und sie studiert noch einmal, Pädagogik und Physiologie. Nebenbei arbeitet sie mit den „schwachsinnigen Kindern", es gelingt ihr, einigen Lesen und Schreiben beizubringen. Als sie in einem Vergleichstest genauso gut abschneiden wie Kinder einer normalen Schule, sagt Maria: „Was mich beschäftigt, ist nicht, wie gut die behinderten Kinder, sondern wie schlecht die anderen sind und was aus ihnen werden könnte, wenn sie die richtige Förderung bekommen würden."

....

1. Maria um 1920, mit ungefähr 50 Jahren
2. Als es in Italien noch Lire gab, zierten Maria und „ihre" Kinder sogar Geldscheine
3. Maria mit 16 Jahren
4. Maria und ihr Sohn Mario (hinter ihr stehend) in Indien, 1940
5. Eine Montessori-Schule in Frankreich, heute
6. Maria und ihr Sohn Mario 1946 beim Besuch einer Montessori-Schule in London

Zu der Zeit verliebt sie sich in einen Kollegen, den Arzt Giuseppe Montesano. Da eine Beziehung ohne Heirat gesellschaftlich nicht anerkannt ist, halten sie ihre Liebe geheim. Auch als Maria schwanger wird, heiraten sie nicht. Stattdessen geben sie ihren Sohn Mario nach der Geburt in eine Pflegefamilie, da ein uneheliches Kind vor allem für Maria das Ende ihrer Arbeit und das gesellschaftliche Abseits bedeutet hätte. Warum Giuseppe und sie kein Ehepaar wurden, ist auch ihrer Biografin Marjan Schwegmann ein Rätsel. Maria besucht ihren Sohn in den nächsten Jahren oft, allerdings ohne ihm zu verraten, dass sie seine Mutter ist. Giuseppe und sie bleiben zusammen, versprechen sich, nie jemanden zu heiraten. Aber irgendwann, so vermutet Schwegmann, wurde es zum Problem, dass sie in direkter Konkurrenz standen und Maria immer erfolgreicher wurde. Als sie sich zwei Jahre später trennen, heiratet Giuseppe eine andere, eine, die eine klassische Hausfrau ist. Als Maria davon erfährt, ist sie erschüttert. Erzählungen zufolge warf sie sich auf den Boden und rührte sich drei Tage nicht. Giuseppe war ihre erste und einzige Liebe.

Maria bleibt den Rest ihres Lebens allein, widmet all ihre Energie den Kindern. Sie eröffnet die „Casa dei Bambini" in San Lorenzo und feilt an ihrer Pädagogik. Man ging damals noch davon aus, Kinder seien wild und unwillig, man müsse sie mit Strafen gehorsam machen und zum Lernen zwingen. Maria aber glaubte, dass Kinder von selbst lernen wollen und mehr Freiheit brauchen, um sich zu entfalten. Erzieher sollten in ihren Augen keine strengen Lehrer sein, eher Entwicklungshelfer. „Hilf mir, es selbst zu tun", lautet einer ihrer berühmten Leitsätze. Dafür richtete sie die Räume kindgerecht ein, mit kleinen Tischen und Stühlen und einer Küche auf Kinderhöhe. Sie entwarf Lernmaterial, das alle Sinne anregt, zum Beispiel Buchstaben aus Sandpapier, sodass die Kinder sie sehen und ihre Formen auch fühlen können, oder Perlenstäbchen, die das Rechnen erlebbar machen. Jedes Kind konnte sich von diesem Lernmaterial aussuchen, was es wollte. „Freiarbeit" heißt das heute in Montessori-Schulen.

Das „Wunder" der „wilden" Kleinkinder, die mit Marias Materialien in tiefe Konzentration versinken, wollen bald >

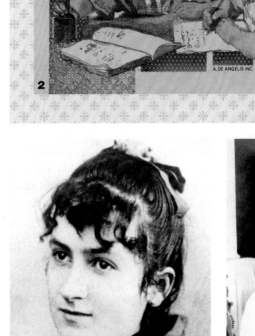

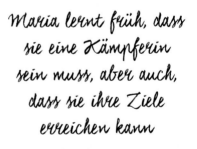

Maria lernt früh, dass sie eine Kämpferin sein muss, aber auch, dass sie ihre Ziele erreichen kann

An der Universität Perugia erklärt Maria Montessori ihre Wortartensymbole, mit denen die Kinder leichter verstehen sollen, wie Sätze aufgebaut sind

Besucher aus aller Welt sehen. Sie eröffnet immer mehr Schulen und Kinderhäuser, gibt Trainingskurse für Lehrer, hält Vorträge in Europa und Amerika. Und sie schart eine Gruppe junger Lehrerinnen um sich, die sie sehr verehren. Mit einigen von ihnen lebt sie gemeinsam im Haus ihrer Mutter in Rom. Und dann kommt auch Mario dazu. Als sie ihn wieder einmal besucht, da ist er 14, sagt er: „Ich weiß, dass Sie meine Mutter sind." Er möchte bei ihr leben, und sie nimmt ihn mit nach Hause. Sie ist glücklich darüber, gibt ihn aber offiziell als einen Neffen aus. Mario liebt und bewundert seine Mutter sehr, und bald sind sie unzertrennlich. Bis zu Marias Tod wird er sie bei ihren Reisen um die Welt zu Vorträgen und Schulen begleiten.

FRIEDEN FINDEN IN INDIEN

Als der Erste Weltkrieg ausbricht, fliehen sie mit einigen ihrer Anhängerinnen ins neutrale Spanien. Doch auch nachdem der Krieg vorbei ist, bleibt es für sie schwierig. In Italien kommt der Faschist Benito Mussolini an die Macht, er will die Montessori-Pädagogik für seine Zwecke nutzen. Aber Maria bleibt ihren Überzeugungen treu. Sie will, dass ihre Pädagogik die Gesellschaft friedlicher macht, und spricht sich öffentlich gegen seine Kriegstreiberei aus. Das bleibt nicht ohne Folgen, Mussolini lässt alle Montessori-Einrichtungen in Italien schließen. Wieder ist Maria nach außen die Starke, die den Kopf hoch hält und sich auch mit den mächtigsten Gegnern anlegt. Um sich innerlich zu sammeln, sucht sie sich eine kleine Insel des Friedens, geht mit Mario nach Indien und bildet dort Lehrer aus. Während Mutter und Sohn in Indien sind, bricht der Zweite Weltkrieg aus, und sie werden als Angehörige eines Feindesstaates festgesetzt, dürfen das Dorf, in dem sie leben, nicht verlassen. Maria fühlt sich jedoch ganz wohl, es ist so friedlich dort, sie kann durchatmen. Sie feiert ihren 70. Geburtstag und trägt zum ersten Mal seit langer Zeit weiße statt schwarze Kleider.

Nach dem Krieg ziehen sie in die Niederlande, weil Mario eine Holländerin geheiratet hat. Hier stirbt Maria mit 81 Jahren, während sie mit Mario gerade ihre nächste Reise plante, nach Ghana. Ihre Ideen haben es trotzdem bis nach Afrika geschafft, heute verteilen sich rund 8000 Montessori-Schulen und -Kindergärten auf sechs Kontinente. Ihre Pädagogik ist nicht unumstritten. Die Kritiker sagen etwa, sie setze Kindern zu wenig Grenzen und lehre zu wenig Disziplin. Aber viele von Marias Ideen sind heute Standard: Auch in Nicht-Montessori-Schulen ist die individuelle Entwicklung erklärtes Ziel, lernen Kinder mit allen Sinnen und sitzt man beim Elternabend auf kleinen Stühlen. Und wenn Maria wüsste, wie selbstbewusst viele junge Leute heute für einige Zeit ins Ausland gehen oder sich nach der Schule für ein Freiwilliges Soziales Jahr melden, würde ihr das sicher gut gefallen und sie würde einen anderen ihrer berühmten Sätze sagen: „Was Kinder betrifft, betrifft die Menschheit." ●

MEHR LESEN?
....
* Marjan Schwegmann: Maria Montessori. Kind ihrer Zeit – Frau von Welt (Beltz Taschenbuch)
* Rita Kramer: Maria Montessori. Leben und Werk einer großen Frau (Fischer)

TEXT MAJA BECKERS FOTO AKG-IMAGES, COURTESY OF THE MARIA MONTESSORI ARCHIVES (AMSTERDAM; MONTESSORI-AMI.ORG), GETTY IMAGES, MONTESSORI-SCHULE PENZBERG, SZ-PHOTO

Make it simple

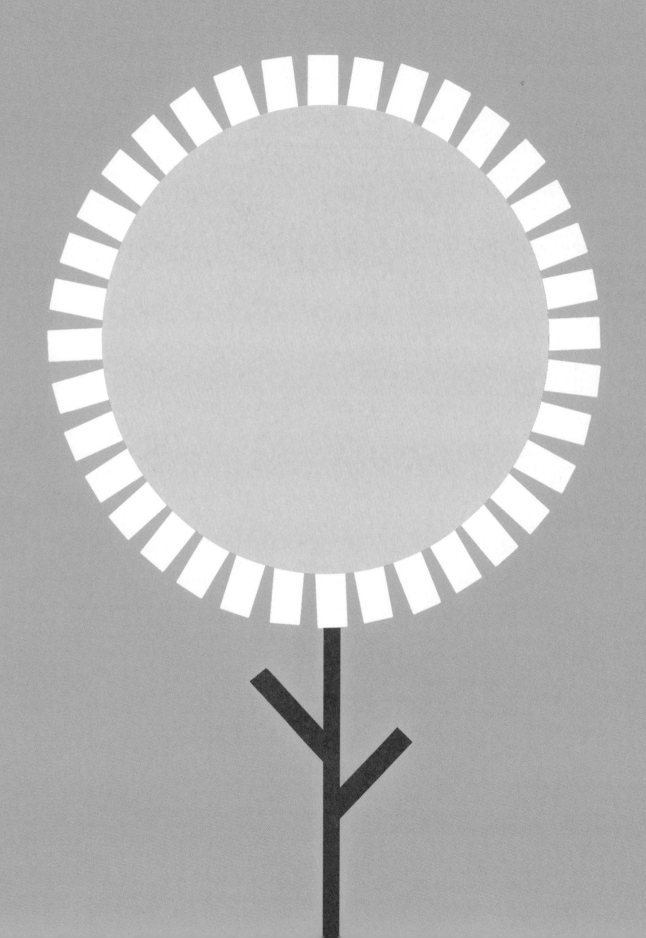

Die Blume auf der Vorderseite ist eine Gerbera, von
Clare in eine tolle Grafik verwandelt. Wenn du
noch mehr ihrer Arbeiten entdecken willst, kannst
du auf Instagram gucken unter @clarenicolson

„HABE NICHTS IN DEINEM HAUS, VON DEM DU NICHT GLAUBST, DASS ES NÜTZLICH ODER SCHÖN IST."

William Morris (1834–1896)

William Morris war ein britischer Denker, Schriftsteller, Designer, Maler und Architekt. Als einer der Gründer des Arts and Crafts Movement sprach er sich schon zu seiner Zeit für eine Wiederbelebung des Handwerks aus, das für ihn für Einfachheit, Schönheit und Kunstfertigkeit stand. Massenprodukte, die die Industrialisierung im 19. Jahrhundert hervorbrachte, kritisierte er als „seelenlos und von schlechter Qualität".

MAKE IT SIMPLE

Es muss gar nicht so kompliziert sein

WIE FRISCH GESCHNITTEN

Oft werfen wir angeschnittenes Obst und Gemüse weg, weil es nicht mehr appetitlich aussieht. Da helfen die bunten „Food Huggers" aus Silikon: Über die Schnittkante stülpen, das hält Zitrone, Apfelsine oder Zwiebel frisch und Gerüche im Zaum. 5er-Set, 14,50 Euro, über beesandnectaries.de

KLEINE FREIHEIT

Du öffnest verschlafen die Schiebetür, blinzelst in die Sonne und trinkst deinen ersten Kaffee mit Blick in die Natur – Urlaub im Campingbus ist der Inbegriff für Freiheit und Abenteuer. Und den kannst du auch ohne eigenen Bus haben. Auf dem Portal Paul Camper bieten Busbesitzer aus ganz Deutschland ihr mobiles Heim zur Miete an, wenn sie selbst gerade nicht damit unterwegs sind. Campingausstattung, Kilometer und Versicherung sind im Preis enthalten, dazu ist das Ganze viel persönlicher als über eine klassische Mietwagenfirma. paulcamper.de

Unverwechselbar

Wie oft steht man vor verschlossener Tür und muss sich erst durch den Schlüsselbund testen, ehe man sie endlich öffnen kann? Schneller fündig wird man, wenn man die Griffe der Schlüssel mit Nagellack in unterschiedlichen Farben lackiert. Lack dick auftragen und gut trocknen lassen. Noch mehr clevere Alltagskniffe versammelt Annette Waschbüsch in ihrem Buch *Cola im Klo macht Putzfrau froh. 199 coole Life Hacks, die den Alltag leichter machen* (Blanvalet, 9,99 Euro)

HELLE LEUCHTE

Kein Bohren und Schrauben nötig: Dank eines starken Magneten im Lampenfuß hängt sich die Leuchte „Ellnetic" an alles, was aus Metall ist. Stecker einstecken, am Zugband ziehen, fertig! In sieben Farben, E27-Fassung, 79 Euro. ellront.de

EINKAUFSSPASS

Im Internet stöbern, vor Ort kaufen, so lautet das Motto von Productmate.de. Das Portal fungiert als Onlineschaufenster für besondere kleine Läden in verschiedenen Städten. Interessierst du dich für eins der gezeigten Produkte, erfährst du auch gleich, wie du am besten zu dem jeweiligen Shop kommst. Du kannst nach Produkten, Kategorien oder gezielt nach Anbietern suchen, die Ergebnisse werden nach der Entfernung vom aktuellen Standort sortiert. Gut für den Einzelhandel, praktisch für uns.

„Das Leben ist einfach, aber wir bestehen darauf, es kompliziert zu machen."

Konfuzius

TEXT **SARAH ERDMANN, LENA NEHER** FOTO **CARLASDELEON.BLOGSPOT.DE, MASTERFILE, MOLESKINE, PLAINPICTURE**

ALTE SCHULE, NEUE TECHNIK

Die Haptik des Papiers, das Gefühl, wenn der Stift aufsetzt, um es zu füllen: Das „Smart Sketch Album, Creative Cloud connected" von Moleskine vereint die sinnlichen Erfahrungen der analogen mit den Vorteilen der digitalen Welt. Per Hand wird ins Skizzenbuch gezeichnet, eine App scannt das Werk und wandelt es in eine Datei um, die man in Adobe Illustrator CC oder Photoshop CC nachbearbeiten kann. store.moleskine.com, ab 19,90 Euro

HIER SPIELT DIE MUSIK

Ob zu Hause oder beim Picknick mit Freunden – die „Rockbox Fabriq Edition" bringt die Lieblingslieder zum Klingen. Über Bluetooth wird der Lautsprecher ganz einfach drahtlos mit dem Smartphone verbunden. In bunte Stoffe gekleidet, können die Minis sich nicht nur hören, sondern auch sehen lassen. Sechs Größen, ab 29,95 Euro, freshnrebel.com

Praktische Grünanlage

Hast du auch schon mal darüber nachgedacht, Kräuter, Gemüse und Co. selbst anzubauen, weißt aber nicht, wie? Für diesen Fall hat Gartenbloggerin Silvia Appel Saatgutboxen zusammengestellt – mit allem, was du brauchst: von Biosamen über Anzuchttöpfchen bis zum Handbüchlein. Besonders gut gefallen uns die kleinen Pflanzenstecker aus Eichenholz, die du dank Tafelfolie individuell beschriften kannst. Auf shop.gartenfraeulein.de gibt es verschiedene Boxen zur Auswahl, ab 33,90 Euro

IN BILDERN SPRECHEN

Wir merken uns Dinge besser und können genauer ausdrücken, was wir meinen, wenn wir etwas zeichnen. Ein Plädoyer für das Sketchnoting, das auf Bilder setzt und mit wenig Worten auskommt

Eigentlich ist Zeichnen als Kommunikationsmittel überhaupt nicht neu. Als die Menschen in Höhlen lebten, erklärten sie einander in einfachen Bildern, wie man jagt oder Werkzeuge herstellt. Mit der Entwicklung der Sprache ist diese Art der Kommunikation ein wenig in Vergessenheit geraten. Zeichnen bekam allmählich eine neue Funktion und wurde schließlich zu Kunst, zu etwas, das „schön" sein muss. Dieses Bewusstsein entwickelt sich heute bereits bei Kindern in den ersten Schuljahren. Wenn in der ersten Klasse gefragt wird: „Wer kann zeichnen?", schnellen alle Finger in die Höhe. Stellt man die gleiche Frage in der sechsten Klasse, bleiben nur noch drei oder vier Finger übrig. Nur die „Besten" machen mit dem Zeichnen weiter, die anderen geben es auf.

Wirklich schade, findet Anna Lena Schiller. Die Hamburger Illustratorin bringt Erwachsenen in Workshops bei, wie sie das Zeichnen nutzen können, um besser zu kommunizieren und Ideen zu formulieren – sie ist Sketchnoterin. Es war der Zufall, der sie auf diesen Weg brachte: „Ich habe nach meinem Abschluss in Musikwissenschaften an einer kreativen Businessschule in Dänemark studiert. Dort lernten wir in einem Seminar, wie man mit Symbolen, Pfeilen und Schlagworten Themen zusammenfassen kann." Einige Zeit später besuchte Anna Lena eine Musikkonferenz in Berlin und dokumentierte Vorträge live auf einem Whiteboard – nicht mit Worten, sondern visuell. „Eigentlich hab ich das nur aus Spaß gemacht. Aber nach der Konferenz bekam ich so viele positive Rückmeldun-

gen und wurde direkt für Buchungen angefragt, dass ich neugierig wurde und dachte: Da steckt doch mehr drin." Inzwischen hat Anna Lena ihr eigenes Studio in Hamburg, sie wird von großen Unternehmen für Sketchnoting-Workshops gebucht und zeichnet in Echtzeit vor bis zu 200 Menschen. Das nennt man dann Graphic Recording, die Technik ist die gleiche, aber die Bilder sind großformatiger, und alles passiert live vor Publikum.

Visual-Coach Tanja Cappell, die sich in der Kreativszene als Frau Hölle einen Namen gemacht hat, sah Anna Lena Schiller auf einer großen Internetkonferenz beeindruckt beim Livezeichnen zu. „So etwas hatte ich noch nie gesehen. Man kannte diese Methode in Deutschland damals noch nicht. Ich dachte: Ich weiß nicht, was das ist, aber es begeistert mich total." Tanja besorgte sich die wenige englischsprachige Literatur, die es über das Sketchnoting gab, und fing an zu üben. Die Bildsprache machte ihr Spaß – und sie erwies sich als nützlich. Auf Veranstaltungen machte Tanja sich auf ihrem Block Sketchnotes statt Notizen. „Immer mehr Leute haben neugierig geguckt und gefragt: ‚Mensch, was ist denn das? Warum schreibst du nicht, warum malst du? Und wie geht das überhaupt, das schaut so toll aus!' Da habe ich beschlossen, selbst Workshops für andere zu geben", erzählt sie. Das Sketchnoting ist für Tanja inzwischen ein berufliches Standbein geworden. In ihren Workshops bringt sie Hobbykreativen und Businesskunden bei, visuell zu denken und so auch zu arbeiten. >

WENN DU MIT DEM ZEICHNEN ANFÄNGST, KOMMST DU IMMER WIEDER AUF NEUE IDEEN

Zeichnen ist im Kommen, und das nicht nur in der Arbeitswelt. Auch in der Freizeit kann die Bildsprache hilfreich sein, zum Beispiel wenn man eine To-do-Liste für die nächste Feier schreibt. Und, das bestätigen die, die es ausprobiert haben: Es macht Spaß! Einen Stift und Papier, mehr brauchst du nicht. Hier sind sieben Gründe, die dafür sprechen, künftig weniger zu schreiben und wieder mehr zu zeichnen.

1. DU GIBST EINBLICK IN DEINE WELT
Warum funktioniert Zeichnen manchmal besser als Sprache? Anna Lena Schiller greift zu Papier und Stift und beantwortet das mithilfe eines einfachen Beispiels. „Wenn ich eine Gruppe von Leuten bitte, einen Baum zu zeichnen, werden da ganz unterschiedliche Ergebnisse herauskommen." Sie zeichnet eine kleine Tanne, daneben einen kräftigen Baum mit vielen Ästen und dickem Stamm. „Jeder hat etwas anderes vor Augen, wenn er das Wort Baum hört. Wir meinen also häufig gar nicht das Gleiche, auch wenn wir das annehmen. Wenn ich aber zeichne, was ich mir vorstelle, bekommen andere einen konkreten Einblick in meine Gedanken. Kommunikation wird auf diese Weise eindeutig, und ich brauche dafür kaum Worte." In Unternehmen sind solche Übungen zum Beispiel sinnvoll, wenn es um Begriffe wie „Qualität" oder „Zusammenarbeit" geht. Für den einen bedeutet Qualität, dass ein Kunde zufrieden nach Hause geht, für den anderen, dass er seine Deadlines einhält. Die Gefahr, einander falsch zu verstehen, ist größer, als man denkt.

2. DU MERKST DIR DINGE BESSER
Wenn du etwas zeichnest, statt es aufzuschreiben, kannst du dich leichter daran erinnern. Du setzt sozusagen einen Anker im Kopf. Die Krefelder Neurowissenschaftlerin Jennifer Meyer verweist dazu auf eine kanadische Studie der Universität Waterloo. Die Teilnehmer hatten die Aufgabe, eine Liste von Wörtern entweder aufzuschreiben oder zu zeichnen. Diejenigen, die die Begriffe zeichneten, konnten sich später an doppelt so viele Wörter erinnern. Die Erkenntnis: Wer zum Beispiel einen Vortrag bildlich zusammenfasst, verinnerlicht besser, was er gehört hat. Im Zuge einer anderen Studie fand Jackie Andrade von der Universität Plymouth in Südengland heraus, dass wir mit unseren Gedanken weniger abschweifen, wenn wir beim Zuhören kritzeln. „When you doodle, you don't daydream", sagt sie. Erklärung dafür: Unser Gehirn verarbeitet in 75 Prozent der Zeit visuelle Reize. Wenn es weniger Reize empfängt, zum Beispiel während eines Vortrags, langweilt es sich und fängt an, nach anderen Reizen zu suchen – wir werden abgelenkt. Kritzeln wir nebenbei, sind wir hingegen aufmerksamer.

3. ES MUSS NICHT SCHÖN SEIN
Sketchnoting ist keine Kunst – deshalb brauchst du auch kein künstlerisches Talent, um damit anzufangen. „Ich hatte seit Jahren keinen Stift in der Hand, bevor ich meine erste Sketchnote gemacht habe", sagt Anna Lena Schiller. Sketchnoterin Tanja Cappell beobachtet in ihren Workshops, dass sich Teilnehmer damit oft unter Druck setzen: „Mein Rat ist deshalb: Beschränke dich auf so wenig Linien wie möglich. Wenn man erkennen kann, dass es ein Fahrrad ist, bist du schon fertig. Es geht ja nicht um Kunst, um Details oder Verzierungen, sondern darum, Dinge schnell und einfach darzustellen."

4. SCHNELLER AUF DEN PUNKT
Wenn du ein Bild mit einer begrenzten Zahl von Strichen malst, wirst du automatisch dazu gezwungen, dich zu entscheiden. Was zeichnest du, was lässt du weg? Auf diese Weise kommst du sehr schnell zum Kern deiner eigentlichen Idee. „Beim Zeichnen reflektiert man und betrachtet die Dinge detaillierter. Das bringt uns auf neue Lösungsansätze", sagt Jennifer Meyer. Dieses Prinzip kannst du auch umgekehrt anwenden: Durch das Zeichnen erkennst du dein Ziel, deinen Traum oder die Lösung, nach der du gesucht hast. „Mir hilft das Sketchnoting manchmal in stressigen Zeiten. Ich visualisiere die Situation dann zum Beispiel in Form einer Bergsteigertour und zeichne Etappenziele, die beteiligten Personen und ihre Bedürfnisse. Dann komme ich oft wie von selbst auf ganz einfache Ideen und sehe, wie eine Lösung aussehen kann", erzählt Jennifer Meyer.

ERSTE ÜBUNGEN
....

1. Zeichne Symbole für folgende
   Begriffe: Apfel, Kaffee,
   Uhrzeit, E-Mail, Cocktail,
   Sturm, Smartphone.
2. Überlege dir nun Symbole für
   abstraktere Begriffe: Idee,
   Erfolg, Vertrauen, Ziel, Hobby,
   Freundschaft, Pause.
3. Mache während eines Telefon-
   gesprächs visuelle Notizen.
   Fass den Inhalt des Telefonats
   in kleinen Skizzen zusammen.
4. Zeichne das, wovon du
   träumst, auf ein Blatt. Zeige
   die Zeichnung einer Person,
   die dir nahesteht, und höre
   dir an, was sie daraus liest.

Mehr davon? Tanja Cappell hat für
uns ein Sketchnoting-Übungsheft
entwickelt, mit dem du die Technik
erlernen kannst. Du findest es
auf der nächsten Seite.

5. KOMPLIZIERTES EINFACH MACHEN

Weil du für eine Sketchnote etwas auf das Wesentliche reduzierst, kann man ihren Inhalt schnell erfassen. So lassen sich zum Beispiel die wichtigsten Aussagen eines Textes, für den du mehrere Minuten brauchst, um ihn zu lesen, in einem Bild darstellen. Jennifer Meyer entdeckte auf diese Weise das Sketchnoting für sich. „Ich beschäftige mich seit der Geburt meiner Kinder viel mit der kindlichen Entwicklung, da begegnen mir immer wieder hoch spannende Zusammenhänge aus der Neurowissenschaft. Dieses Wissen wollte ich mit anderen teilen, am liebsten auf einem Blog. In Textform wäre das aber zu sperrig gewesen, ich möchte ja Leute erreichen, die nicht dauernd Fachzeitschriften und Studien lesen. Also habe ich angefangen zu zeichnen und meine Sketchnotes auf meinem Blog und über Twitter zu veröffentlichen."

6. DU WIRST KREATIV

Wenn du erst mal mit dem Zeichnen anfängst, entstehen in deinem Kopf immer wieder neue Ideen. Das liegt daran, dass du deine rechte Hirnhälfte einsetzt, den kreativen Bereich. Der kanadische Gestalter Bill Buxton formuliert es so: „Beim Zeichnen führst du einen Dialog mit dir selbst. Durch eine Skizze, die in deinen Gedanken entspringt, kommst du auf neue Ideen, die du ebenfalls zeichnen kannst, und daraus entstehen wieder neue Ideen. Du assoziierst immer weiter."

7. DU ORDNEST DEINE GEDANKEN

Zeichnen hilft dir, den Kopf frei zu bekommen. „Durch das Sketchnoting verliere ich die Angst vor großen Aufgaben, von denen ich nicht sicher bin, ob ich sie schaffe", sagt Tanja Cappell. „Ich zerlege sie in Teilschritte, ordne sie nach Wichtigkeit und Timing und stelle das Projekt bildlich dar. So wird alles greifbarer, und ich weiß, womit ich beginne." Gedanken, die dich immer wieder beschäftigen, kannst du auf dem Papier „parken", sodass du den Kopf frei hast für neue Ideen. Sobald du mit dem Zeichnen anfängst, gibt es nur noch eine Gefahr: dass du nicht mehr damit aufhören kannst. ●

TEXT SARAH ERDMANN, EVA LOESE
ILLUSTRATION NAOMI WILKINSON

Der amerikanische Illustrator Mike Rohde ist so etwas wie der Sketchnote-Papst.
In seinem Buch *Das Sketchnote Handbuch* (mitp) zeigt er die Grundlagen der visuellen Methode

flow_ 121

SO GEHT'S: SKETCHNOTING

Notizen sehen bei Tanja Cappell anders aus, als wir es normalerweise gewohnt sind: Sie denkt in Bildern. Mit unserem Übungsheft kannst du das auch ausprobieren

Tanja Cappell ist geübt darin, anderen etwas beizubringen. Die Illustratorin, die mit ihrem Mann und Hund Toto südlich von München lebt, gibt regelmäßig Workshops im Handlettering und Sketchnoting, das Letztere hat sie selbst vor einigen Jahren auf einer Konferenz in Berlin entdeckt.

„Seitdem hat mich das Sketchnoting nicht mehr losgelassen", sagt sie. „Ich kann mir Sketchnotes aus meinem Alltag nicht wegdenken. Sie helfen dabei, komplexe Themen auf den Punkt zu bringen. Und ich erinnere mich auch besser an das, was ich gezeichnet habe." Mit uns hat Tanja ein Sketchnoting-Übungsheft entwickelt. Wir sind gespannt, wie es dir gefällt. Erzähl uns doch unter #sketchnotingmitflow davon.

SKETCHNOTING MIT TANJA
Pfeile, Rahmen, Symbole: Tanja Cappell spricht die Bildsprache fließend. Mehr von ihr gibt's auf frauhoelle.com zu sehen.

TEXT **SARAH ERDMANN** FOTO FE... ...ST. MICHAELIS, ANDREAS WEISS ILLUS...ATION **VISUAL SCRIBING**, ...RNELIA KOLLER; ALLE AUS *GRAPHIC RECORDING* (GESTALTEN) PETER GOODMAN/DESIGNDOPP...

Anna Lena Schiller

von Visual Scribing

Designdoppel

Cornelia Koller

Anna Lena Schiller

VISUELLE DENKER IN AKTION

Diese Bilder aus dem Buch *Graphic Recording* zeigen: Es gibt ganz unterschiedliche Wege, sich visuelle Notizen zu machen. Das Erscheinungsbild einer Sketchnote ergibt sich aus den Farben, die du verwendest, Pfeilen, dem Schriftbild und dem ganz persönlichen Zeichenstil.

BUCHTIPP

Sketchnoterin Anna Lena Schiller hat das Buch *Graphic Recording* (Gestalten, 2016) veröffentlicht.

Seit über 100 Jahren prägen die Wasserhäuschen das Stadtbild von Frankfurt. Mit dem Fein haucht Elke Löscher dem Kulturdenkmal neues Leben ein. Und verzaubert mit selbst gebackenen Köstlichkeiten, Kaffeegenuss und jeder Menge Charme ihr Publikum

ODE AN DEN KIOSK

ES VERSORGT UNS MIT ALLEM NÖTIGEN UND IST TREFFPUNKT FÜR DIE

GANZE NACHBARSCHAFT: DAS BÜDCHEN ERLEBT EINE RENAISSANCE – DANK

NEUER, KREATIVER KONZEPTE. WIR STELLEN DREI VON IHNEN VOR

Das Paket ist abgegeben, der Lottoschein ausgefüllt, noch schnell die Weinschorle mit dem hübschen Etikett schnappen und ab zur Kasse. „Schmeckt die?", fragt der Kioskbesitzer, und schon ist man in ein Gespräch verwickelt. Kioske waren immer Orte des Konsums und der Begegnung zugleich. Es gab Zeiten, da machten viele dicht, doch seit ein paar Jahren erleben sie eine Renaissance, es gibt Menschen wie Elke Löscher, die die Kioskkultur mit neuen Ideen beleben.

KLEIN, ABER FEIN
Für ihr Fein, Kiosk und Café in einem, hat sie ein altes Wasserhäuschen in Frankfurt herausgeputzt, mit hübsch zusammengewürfeltem Vintagemobiliar und liebevollen Details, wie Einmachgläsern für die Naschereien. Elke war früher Beamtin in der Stadtverwaltung, träumte aber schon immer vom eigenen Café, ihr Job in einem Bistro machte ihr den Wunsch nur noch bewusster. Einzig die horrenden Pachtsummen hielten sie ab. Als das Wasserhäuschen in ihrem Viertel frei wurde, ergriff die allein-erziehende Mutter die Chance – ohne genau zu wissen, wie sie das Ganze umsetzen würde. „Mir gefiel die niedliche Architektur. Und aus meiner Zeit bei der Stadt wusste ich, dass die Traditionsbüdchen erschwinglich sind", schwärmt Elke. Eigenkapital hatte sie keines, nur ihre Idee, und die zündete bei den Banken. Angst, zu scheitern, hatte sie nicht. „Ich wusste einfach: Das ist voll mein Ding. Und dachte, was soll schon passieren? Sollte mein Konzept nicht aufgehen, finde ich schon etwas anderes." Aber es ging auf.

Elkes Kioskcafé liegt in einem familiären Stadtteil an der Grenze vom Nordend zur Innenstadt und zieht eine bunte Mischung an: die alte Dame, die jeden Morgen auf einen Cappuccino vorbeikommt, die Frauen mit Yogamatte unterm Arm genauso wie die Schüler, die in einer Traube vor der Naschvitrine stehen, um sich eine gemischte Tüte zu packen. „Ich bin in einem Dorf mit Tante-Emma-Laden aufgewachsen. Vom Kaugummi in der Tube bis zu Zuckerperlen in Babyfläschchen sind nostalgische Süßigkeiten bei mir deshalb Pflicht", sagt Elke. Mit ihrem aufgehübschten Wasserhäuschen trägt sie zum Erhalt eines Kulturguts bei und trifft offensichtlich auch einen Nerv unserer Zeit. Die Menschen scheinen sich nach besonderen Orten zu sehnen, an denen man unverbindlich zusammenkommen kann. Elke: „Ich bin zwar kein typischer Nahversorger, aber wenn ein Nachbar Eier zum Backen oder eine Rolle Klopapier braucht, helfe ich gern aus."

KULTUR IM WANDEL
Ob Büdchen, Trinkhalle, Wasserhäuschen, Späti oder Kiosk – die kleine Verkaufsstelle mit Dingen für den alltäglichen Bedarf trägt viele Namen. Der Begriff Kiosk stammt aus dem Persischen und bedeutet so viel wie Ecke oder Pavillon. Die Form spielt heute weniger eine Rolle, es sind die Inhalte, die zählen. Rund 38 000 Kioske gibt es in Deutschland. Köln, Berlin, Hamburg und Frankfurt gelten als Hochburgen der Kioskkultur. Und die verändert sich. Supermärkte haben länger geöffnet, ein kühles Getränk und die Lieblings-   >

zeitschrift sind dort Standard, Tankstellen mit einer immer breiteren Produktpalette wurden ebenfalls zur Konkurrenz. Aber mit neuen Konzepten, besonderer Gestaltung und einem speziellen Sortiment punkten Kioske auch weiterhin. In manchen Großstadtvierteln, zum Beispiel auf St. Pauli in Hamburg, haben sie einen solchen Zulauf, dass sie zum Problem werden. Die Leute versorgen sich dort mit günstigen Getränken, stehen auf dem Bürgersteig herum, „Cornern" nennt sich dieses Phänomen. Barbesitzer klagen über sinkende Umsätze, Anwohner über den Lärm.

SPIELPLATZ FÜR IDEEN
Respekt vor diesem negativen Image hatten auch Philip Vogel und Leonidas Lazaridis. „Doch alle freuten sich, wieder einen Kiosk vor der Haustür zu haben, als wir das Eulchen in Mainz eröffneten", erzählen die beiden. Angefangen hat alles mit ihrer Bachelor-Arbeit im Fach Kommunikationsdesign. Für die entwickelten sie das Eulchen-Bier, um die fast verloren gegangene Mainzer Bierkultur wiederzubeleben. Das kam so gut an, dass sie beschlossen, mehr daraus zu machen. Auf der Suche nach einem Laden fanden die

zwei eine alte Trinkhalle, die schon längere Zeit leer stand. Trinkhallen entstanden übrigens Mitte des 19. Jahrhunderts, um Arbeitern Mineralwasser und andere alkoholfreie Getränke anzubieten, da ungekochtes Leitungswasser damals noch gesundheitsschädlich und Getränke aus Gaststätten zu teuer waren.

Nach langem Hin und Her mit der Stadt übernahmen Leonidas und Philip das verwahrloste Gebäude und sanierten es von Grund auf. Heute ist das Eulchen weit mehr als eine reine Bierverkaufsstelle. Es hat sich zum Treffpunkt der Mainzer Neustadt gemausert. „Manche verbringen den halben Abend bei uns, um ein Schwätzchen mit den Nachbarn zu halten. Andere holen sich einfach ihren Viererträger ab", sagt Philip. Neben dem eigenen Bier verkaufen er und sein Kompagnon inzwischen auch andere besondere Produkte. Eiscreme oder Kaffee befreundeter Start-ups zum Beispiel. Um das Eulchen und den Platz drumherum als Ort des Miteinanders zu etablieren, veranstalten sie Sommerfeste, Weihnachtsmärkte und andere Aktionen. Standen sie zu Beginn selbst in der Trinkhalle, kümmern sie sich mittler-

weile im Hintergrund um die Verwirklichung neuer Ideen auf ihrem persönlichen Spielplatz.

ZWEITES ZUHAUSE
In Mainz sind Kioske eher selten, in Köln hingegen pflastern sie ganze Straßenzüge. Umso schwerer ist es, sich durchzusetzen. Shirin Shaghaghi hat es geschafft. Kindheitserinnerungen daran, wie sie ihr Taschengeld am Kiosk für Naschereien verjubelt, hat sie keine. Als sie mit neun Jahren aus dem Iran nach Deutschland kam, zählten andere Dinge. Mit 18 betrat sie zum ersten Mal einen Kiosk – das war „Liebe auf den ersten Blick". Zunächst jobbte sie nur in einem Büdchen, später schmiss sie sogar ihr BWL-Studium, um das zu tun, was ihr wirklich liegt. Shirins Kölnkiosk ist zur Institution geworden. Ein Ort, an dem man seit zwölf Jahren auch ohne Verabredung immer jemanden zum Plaudern trifft – eine Schnittstelle für die Nachbarschaft. Es existiert sogar eine WhatsApp-Gruppe.

Als der Kiosk umziehen musste, zogen die Stammkunden mit. „Das ist nicht selbstverständlich", weiß Shirin. Aber sicherlich unter anderem ihrer herzlichen Art zu verdanken. Die und ihr originelles Angebot lassen den Kiosk aus der Kölner Masse herausstechen. Shirin verkauft gern Getränke und Snacks von kleinen, noch unbekannten Herstellern, es gibt frisch gepresste Säfte und köstliche Gerichte aus der Slow-Food-Küche – der vegane Kokosmilchreis ist ein Renner. Für die Stammgäste ist der Kölnkiosk ein zweites Wohnzimmer, für Shirin ist er noch viel mehr: „Er ist mein Zuhause, mein Leben." Schön, wenn man das von seinem Arbeitsplatz sagen kann. ●

....

VON RAUEN TYPEN UND HERZLICHEN KIEZBRÜDERN
Heute spricht sie die *Tagesschau*. Als Kind linste Linda Zervakis hinterm Tresen des elterlichen Kiosks in Hamburg-Harburg hervor. In ihrem Buch verwebt die Tochter griechischer Einwanderer Anekdoten aus dem Kioskalltag mit eigenen Erlebnissen. Und zeichnet so ein vielschichtiges Porträt ihrer Umwelt. *Königin der bunten Tüte. Geschichten aus dem Kiosk* (Rowohlt Polaris)

TEXT **LENA NEHER** FOTO **BÜM**, **ULRIKE SCHACHT/SUGAR GIRLS (CALLWEY)**

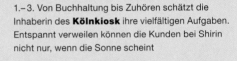

„Meine Kiosk-philosophie? Liebe!"

Shirin Shaghaghi

1.–3. Von Buchhaltung bis Zuhören schätzt die Inhaberin des **Kölnkiosk** ihre vielfältigen Aufgaben. Entspannt verweilen können die Kunden bei Shirin nicht nur, wenn die Sonne scheint

4.+5. Ein Pop-up-Biergarten zählt zu den kreativen Veranstaltungen, die Philip und Leonidas rund ums **Eulchen** auf die Beine stellen

6.+7. Umgeben von Grün kann man vorm **Fein** gemütlich draußen sitzen. Für kältere Tage hat Elke den Lagerraum zur Caféfläche umgestaltet

HUMOR TUT GUT

Wer sich nur zehn Minuten am Tag auf etwas Lustiges konzentriert, fühlt sich gleich viel wohler. Das fanden Psychologe René Proyer und sein Team von der Universität Halle-Wittenberg heraus

Warum interessieren Sie sich gerade für Humor als Wohlfühlfaktor?

Ich beschäftige mich schon lange mit der Positiven Psychologie, also der Frage, was Menschen brauchen, um sich wohlzufühlen. Dass Dankbarkeitsübungen dafür gut sind, wissen wir schon aus vielen Experimenten. Ich dachte, Humor könnte auch so eine Tugend sein, die uns stärkt.

Wie funktioniert so eine Humorstudie?

Mein Spezialfeld ist die Onlineforschung. Bei einer unserer zurückliegenden Studien machten 632 Erwachsene mit. Unser Ziel war es, herauszufinden, ob es Humorübungen gibt, die besonders gut wirken. Die Teilnehmer konnten sich über unsere Website (staerkentraining.ch) für die Studie anmelden und bekamen dann ein PDF mit einer Übung, die sie eine Woche lang täglich machen sollen.

Was waren das für Übungen?

Es gab fünf verschiedene – jeder Teilnehmer bekam nach dem Zufallsprinzip eine zugeteilt. In einer Gruppe sollte jeder abends drei lustige Dinge notieren, die er gesehen oder erlebt hatte. In der zweiten Gruppe sollte man jeden Abend alle lustigen Begebenheiten aufschreiben, die einem während des Tages begegnet waren, und in der dritten schlicht zählen, wie viele lustige Dinge über den Tag passiert sind. Gruppe vier hatte die Aufgabe, aktiv Humor in den Tag zu bringen: bewusst etwas Lustiges zu lesen, eine Komödie anzuschauen oder sich mit Leuten

zu treffen, mit denen es meist lustig wird. Die fünfte Gruppe sollte eine Woche lang stressige Situationen auf möglichst humorvolle Weise auflösen. Das klappt zum Beispiel, wenn man sich nicht ärgert, weil man auf den Bus warten muss, sondern das Humorvolle oder Skurrile an der Situation wahrnimmt. Das ist im Alltag natürlich schwer. Die Teilnehmer durften aber auch abends rückblickend schauen: Wie hätte man die Situation humorvoll lösen können?

Und welche Übungen wirkten am besten?

In allen fünf Gruppen fanden wir höhere Zufriedenheitswerte. Am allerbesten und nachhaltigsten wirkten diese drei Übungen: Abends drei lustige Dinge notieren, lustige Begebenheiten des Tages zählen und aktiv Humor ins Leben holen. Die Teilnehmer, die das ausprobierten, waren schon nach einer Woche zufriedener mit ihrem Leben und blieben es auch. Und das mit relativ wenig Aufwand!

Warum machen gerade diese drei Übungen langfristig zufriedener?

So ganz genau wissen wir es noch nicht. Wir denken momentan, dass die Übungen uns helfen, stärker und in höherem Ausmaß positive Emotionen zu erleben. Und das wiederum hilft uns, neue Ressourcen aufzubauen, zum Beispiel Zuversicht oder Kreativität im Umgang mit Problemen. Daneben spielt vermutlich auch eine Rolle, dass es den Probanden durch die Übungen im Alltag besser gelingt, ihre Gefühle zu regulieren. Wer Humor hat, kann viele stressige Situationen entschärfen, kann zum Beispiel lachen, wenn einem die S-Bahn vor der Nase wegfährt. Oder mit einer humorvollen Bemerkung im Meeting einen Konflikt besänftigen.

Dafür reichen doch aber die kleinen Übungen nicht, oder?

Das stimmt, aber sie sorgen dafür, dass man im Alltag ein Auge darauf hat, was alles Lustiges passieren kann. Manchmal sagen uns Teilnehmer, dass sie nachmittags kurz checken, ob sie schon drei lustige Dinge erlebt haben. Und wenn nicht, schauen sie sich noch einmal um. Oder sie erzählen, dass sie vorher nie bemerkt haben, dass auch im Wartezimmer beim Arzt oder beim Einkaufen viel Lustiges passiert. Die simplen Übungen stupsen eine Entwicklung an: Die Einstellungen, das Verhalten, die Erwartungen verändern sich. Deshalb kann man mit ihnen so viel erreichen.

Warum muss man Humor eigentlich üben. Ist das keine selbstverständliche Eigenschaft?

Wir betrachten die Dinge oft funktional. Der Bus soll fahren. Eine Arbeit soll reibungslos fertig werden. Aber das Leben ist so nicht. Humor hilft uns, lockerzulassen und sogar etwas Gutes in der Abweichung oder der Überraschung zu sehen. Die Humorübungen schulen deshalb ganz nebenbei auch unsere Kreativität. Denn sie zeigen: Humor findet nicht nur im Comedyclub statt. Andauernd passieren lustige Dinge. Man muss sie nur sehen wollen. Das ist eine Bereicherung für unser Leben.

Wie kamen Sie als Forscher ausgerechnet auf dieses Thema?

Mein persönliches Motiv ist, dass die Psychologie viel Energie darauf verwendet, um kranken Menschen gut

helfen zu können. Aber noch gibt es viel zu wenig Ideen für Menschen, die sagen: Mir geht es ganz okay, aber es könnte besser sein. Die Psychologie hat hier einiges zu bieten, was wirklich einfach anzuwenden ist.

Solche Mini-Übungen sind also der einfachste Weg, um sich besser zu fühlen ...

Ich denke, schon. Bei den Übungen ist uns sehr wichtig, dass man den Alltagstransfer schafft. Sie sollen auch für Menschen machbar sein, die 40 Stunden die Woche arbeiten und Kinder haben. Da kann man nicht verlangen, dass die Leute noch zwei Stunden meditieren. Aber zehn bis 15 Minuten für sich selbst, das bekommt man irgendwie noch in den Tag hinein – und die Studien zeigen, dass sich diese kurze Zeit sehr lohnt.

Spielt Humor für sie privat eine große Rolle?

Meine Frau sagt, ich sei total verspielt. Aber auch ich lerne dazu. Wir machen ja alle Übungen selbst, bevor wir sie in Studien mit Teilnehmern testen. Mich hat beispielsweise die Idee fasziniert, dass man Humor zu einer richtigen persönlichen Stärke ausbauen kann. Ich habe zum Beispiel jede Woche vier Lehrveranstaltungen. In mindestens einer passiert mir ein peinlicher Versprecher, oder mir fällt etwas nicht ein. Irgendwann habe ich gedacht: Warum nicht darüber schmunzeln oder die peinliche Situation noch ausbauen, um dann mit meinen Studenten richtig herzhaft lachen zu können. Das mache ich jetzt. Und es fühlt sich gut an. Man braucht dann gar keine Angst mehr vor Versprechern oder Peinlichkeiten zu haben. ●

SINN FÜR STIL
„Schon als kleines
Mädchen habe ich
die Kinderzimmer
meiner Freundinnen
umgestaltet",
verrät Rebecca
Wallenta. Als
Bloggerin und
Fotografin lebt
die Österreicherin
sich nicht nur
selbst kreativ
aus, sondern sie inspiriert auf
Sinnenrausch.blogspot.de mit leicht
umzusetzenden DIY-Projekten und
individuellen Wohnideen auch andere.

NATÜRLICHE RAPSWACHS-KERZE
in einer alten Weinflasche

Rosenmeer

looops

AMBIENCE

unscented candle

RUNDE SACHE

Schlichte Holzkugeln lassen sich mit ein paar Handgriffen in hübsche

Gebrauchsgegenstände wie einen Rahmen für einen Spiegel oder einen

Topfuntersetzer verwandeln. Bloggerin Rebecca Wallenta zeigt, wie

RAINDROP-SPIEGEL

Du brauchst:

* Rundspiegel (20 cm Ø; zum Bei-
  spiel über amazon.de)
* Holzkugeln (18 à 25 cm Ø, 12 à
  20 cm Ø, 6 à 15 und 5 à 12 mm Ø)
* Draht zum Auffädeln
* Heißklebepistole
* Haken zum Aufkleben (zum Bei-
  spiel Telleraufhänger)

Und so geht's:

1. Auffädeln Mit den größten
Kugeln (25 mm Ø) beginnen und
alle 18 Stück auf den stabilen
Draht fädeln. Als Nächstes die
zweitgrößten Kugeln (20 mm Ø)
aufreihen, und zwar auf beiden
Seiten je sechs Stück. Weiter
geht es mit jeweils drei Kugeln
à 15 mm Ø. Das Ende der Kette
mit den kleinsten Kugeln (12 mm)
abschließen. Zwei auf der einen,
zwei auf der anderen Seite. Die
beiden Drahtenden durch die
letzte kleine Kugel ziehen. Die
Enden verknoten und die Kette
leicht in Form biegen. Dabei
gilt: Je dicker der Draht, desto
besser hält die Form.

2. Aufkleben Die großen Kugeln
nun mit Heißkleber auf den Rand
des Spiegels kleben. Vorsicht:
An den heißen Fäden verbrennt
man sich leicht. Die restlichen
Kugeln lässt man nach oben ab-
stehen, sodass eine typische
Regentropfenform entsteht.

3. Montieren Du kannst den
Spiegel an der Kugelkette aufhängen oder zur Sicherheit noch
einen Haken auf seine Rückseite
kleben. So hast du zwei Befes-
tigungspunkte, und die Kugeln
werden nicht mit dem ganzen
Gewicht des Spiegels belastet.

4. Variation Wer mag, kann für den
Rahmen natürlich auch Kugeln in
Farbe verwenden, entweder in nur
einer oder bunt durcheinander.
Dafür die Kugeln vor dem Aufkleben nach Wunsch besprühen
oder bemalen. Vor dem Auffädeln
gut trocknen lassen. >

„Ich habe einen ganzen Vorrat an Holzkugeln – und immer neue Ideen, was man mit ihnen machen kann"

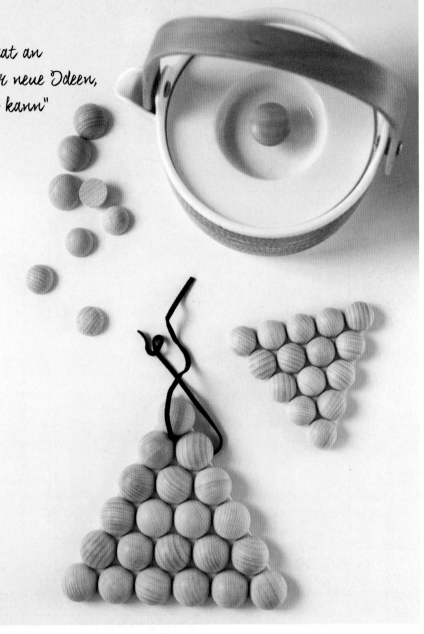

GEOMETRISCHER UNTERSETZER

Du brauchst:
* Holzhalbkugeln (25 oder 20 mm Ø)
* dünnes Sperrholz
* Bleistift, Lineal, Laubsäge
* Schleifpapier, Holzleim
* evtl. dünnes Band zum Aufhängen

Und so geht's:

1. **Vorzeichnen** Um die Größe für den Holzuntergrund zu ermitteln, zunächst die Halbkugeln auf dem Sperrholz zu einem Dreieck anordnen. Ecken mit Bleistift markieren und diese mit einem Lineal zu einem Dreieck verbinden.

2. **Aufkleben** Das aufgezeichnete Dreieck mit der Laubsäge aussägen. Die Kanten glatt schleifen und die Halbkugeln mit Holzleim, an der Spitze beginnend, daraufkleben. Möchtest du die Untersetzer nach Gebrauch aufhängen, an der oberen Ecke ein kleines Loch in das Holz bohren und ein dünnes Lederband oder etwas Ähnliches durchfädeln. ●

TEXT **LENA NEHER** FOTO UND IDEE **REBECCA WALLENTA**

Schönes von Flow

FLOW, EINE ZEITSCHRIFT

OHNE EILE, ÜBER KLEINES GLÜCK

UND DAS EINFACHE LEBEN

ALLES ÜBER FLOW

BIST DU BEREIT FÜR FLOW?

Kleines Glück entdecken und das einfache Leben feiern,
darum geht es uns bei Flow. Mit jedem Heft stellen wir
für dich mit viel Liebe einen bunten Strauß an Inspirationen,
Ideen und Lesenswertem zusammen. Wenn du dich für
ein Abo entscheidest, bekommst du die Papiergeschenke
mit jeder Ausgabe doppelt. Bestellen kannst du es (pro
Ausgabe zum Preis von 6,95 Euro) unter der Telefonnum-
mer (040) 55 55 78 00 oder online. Natürlich kannst du
dein Abo jederzeit wieder kündigen.
www.flow-magazin.de/abo

DU WILLST FLOW VERSCHENKEN?

Dann gib uns telefonisch Bescheid unter
(040) 55 55 78 00. Oder bestelle das Geschenkabo
(8 Ausgaben) für 55,60 Euro direkt online
unter **www.flow-magazin.de/geschenkabo**

HIER FINDEST DU UNS

Wir haben eine Website mit allem, was es über Flow zu wissen gibt:
vom Blick ins Heft bis zur Ankündigung der nächsten Ausgabe.
Außerdem kannst du hier ausgewählte Artikel online lesen.
www.flow-magazin.de

SCHREIB UNS! Wir möchten unsere Leserinnen kennenlernen,
deine Wünsche an Flow, Ideen und was dich im Leben bewegt.
Lass es uns wissen und schreib uns eine E-Mail an
redaktion@flow-magazin.de

WIR SIND AUF FACEBOOK ...

Hier erzählen wir, was wir gerade
machen, zeigen hübsche Sachen
aus dem Magazin und was wir sonst
noch schön finden. Und wir freuen
uns immer über Kommentare.
**facebook.com/
flow.magazin.deutschland**

...UND AUF INSTAGRAM,
PINTEREST UND TWITTER

Unsere Lieblingsseiten im Heft,
inspirierende Sprüche, all das posten
wir auf Instagram. Die schönen Dinge,
die wir im Netz finden, kannst du auf
unseren Pinterest-Boards anschauen.
Und wir zwitschern auch bei Twitter ...
instagram.com/flow_magazin
twitter.com/FlowMagazin
pinterest.com/flowmagazine

ILLUSTRATION **HAGAR VARDIMON**

FLOW-APP UND LESEBUCH

FLOW FÜR UNTERWEGS

Schöne Gedanken und Einsichten für jeden Tag des Jahres bekommst du mit unserer App *Flow Kalender 2017 – Inspiration und Zitate* direkt aufs Smartphone oder Tablet. Lieblingsinspirationen kannst du mit Freunden teilen, eine Favoritenliste anlegen, und wenn du magst, erinnern wir dich täglich an deinen neuen Kalenderspruch.

FUNKTIONEN:

✳ Pro Tag ein Zitat, Sprichwort oder eine Einsicht ✳ Speichere deine Lieblingszitate, Tipps und Inspirationen in deinen Favoriten ✳ Teile das, was dir gefällt, ganz einfach auf Facebook, WhatsApp oder Twitter ✳ Für iOS und Android

Die App *Flow Kalender 2017 – Inspiration und Zitate* gibt es im App Store und bei Google Play (1,99 Euro). Mehr Infos: www.flow-magazin.de/app2017

SPEZIAL: DAS FLOW-LESEBUCH

Bücher entführen uns in andere Welten, sie inspirieren und entspannen uns – dafür lieben wir sie! Deshalb haben wir uns das Flow-Lesebuch ausgedacht. Wir gehen in diesem Spezial der Frage nach, was wir Gutes aus Büchern ziehen können, stellen Buchblogger vor, zeigen großartige Bilder von lesenden Frauen, erzählen von den Lebenswegen großer Autorinnen und davon, wie der Traum vom eigenen Buch wahr werden kann. Darüber hinaus findest du im Lesebuch spannende Buchempfehlungen und einen Handlettering-Workshop.

DIESE EXTRAS SIND DRIN:

✳ Lesezeichen ✳ Postkarten
✳ Papier zum Büchereinbinden
✳ Poster mit illustrierten Zitaten
✳ Handlettering-Workshop

Das Flow-Lesebuch kannst du für 12,95 Euro bestellen unter www.flow-magazin.de/ lesebuch

Handlettering-Workshop

Lesezeichen

... UND WAS DENKT IHR?

FLOW FRAGT: WOVON KANNST DU DICH NICHT TRENNEN?

Eure Meinung ist uns wichtig! Deshalb stellen wir euch ab jetzt regelmäßig eine Frage auf Facebook und Instagram. Eine Auswahl eurer Antworten präsentieren wir euch dann hier. Macht mit unter **#flowfragt**

....

„Von einem Ring aus Costa Rica, meiner tollsten und bedeutungsvollsten Reise."

@kaddin

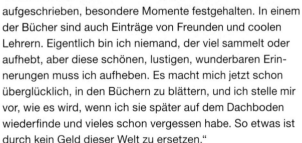

„Ich könnte mich nie von meinen Notizbüchern trennen. Dort kleben viele Fotos, ich habe viel gemalt und Skizzen gemacht, Gedanken und Ideen aufgeschrieben, besondere Momente festgehalten. In einem der Bücher sind auch Einträge von Freunden und coolen Lehrern. Eigentlich bin ich niemand, der viel sammelt oder aufhebt, aber diese schönen, lustigen, wunderbaren Erinnerungen muss ich aufheben. Es macht mich jetzt schon überglücklich, in den Büchern zu blättern, und ich stelle mir vor, wie es wird, wenn ich sie später auf dem Dachboden wiederfinde und vieles schon vergessen habe. So etwas ist durch kein Geld dieser Welt zu ersetzen."

@i.likepeople.art

„Uraltes Spielzeugauto, ungefähr mit fünf bekommen, die Vorderräder mussten schon mangels passender Ersatzteile gegen VW-Räder ausgetauscht werden!"

Getuscht von @lotte_almberg

„DIESE ALTE ZUCKERDOSE AUS BLECH WERDE ICH NIE HERGEBEN, EIN ERINNERUNGSSTÜCK AN MEINE GROSSMUTTER."

@frau_rupp

....

„EINEM MANN, DER MIR SCHON LANGE NICHT MEHR GUTTUT."

@aperola

„Früher dachte ich, es gäbe ganz viele solcher Dinge. Jetzt hab ich 85 Prozent meines Besitzes losgelassen und merke, wie ich immer mehr gehen lassen könnte. Die Erinnerungen sind in mir, nicht in einem Gegenstand."

@andreadrexl

Dr. feelgood

feelgood
Das junge Gesundheits-Magazin

NEU

Homöopathie
Nur das Beste für **mein Kind**
Mit Globuli sanft, aber gezielt heilen

Praxis
Dr. feelgood
Ihr nächster Termin

Den
RÜCKEN
selbst heilen
Die wahren Ursachen aufdecken. Und das tun, was wirklich hilft

Die
HAAAATSCHI-
Saison ist da!
Schluss mit Allergie-Opfer sein
Von A bis Z Bescheid wissen

Endlich
SCHLANK
mit Superfoods

Müsli - fix angerührt
Das gesündeste
FRÜHSTÜCK
der Welt

NIE MEHR MÜDE!

Die eine (!) Muntermach-Strategie, die uns mit voller Power durchstarten lässt
+ 3 Tipps gegen den Sommerzeit-Jetlag

Gesundsein und Gesundbleiben.
Ein gutes Lebensgefühl für junge Frauen, ihre Familien und Freunde. Jetzt am Kiosk erhältlich oder versandkostenfrei per Mail bestellen: sonderversand@jalag.de

feelgood
Das junge Gesundheits-Magazin

PAPIER-SPEZIAL & VORSCHAU

WEIL WIR PAPIER LIEBEN!

Beim Blättern durch das Book for Paper Lovers ist es, als würde man in einem Schreibwarenladen mit lauter feinen Dingen stöbern: Anhänger, Aufkleber, Karten und Briefbögen, Umschläge, wundervolle Handletterings, Pop-ups, Poster und so viel mehr Besonderes aus Papier stecken darin. Für die neue Ausgabe haben wir wieder mit einem kreativen Team aus Illustratoren von überall auf der Welt zusammengearbeitet, die Papier genauso lieben wie wir.

Das neue Book for Paper Lovers kannst du unter www.flow-magazin.de/shop für 19,95 Euro zu dir nach Hause bestellen

Mit vielen Papier-Extras

TITEL:
Sich einmischen — warum es sich
lohnt und wie es gelingt
*
ARBEITSPLATZ WELT:
Digitale Nomaden erzählen
*
INSPIRIERENDES LEBEN:
Lou Andreas-Salomé, eine
Pionierin der Psychoanalyse

UNSERE PAPIERGESCHENKE:
Fragen-fürs-Frühstück-Büchlein,
Küchengartenposter

FLOW #25: 18. APRIL 2017

Manchmal ändern wir unsere Pläne, finden etwas noch Besseres, etwas noch Schöneres. Darum kann es sein, dass die nächste Ausgabe ein bisschen anders aussieht, als wir es hier ankündigen.